JN152835

一流企業で続々活躍、
早稲田超人気・森川ゼミの

20代で
10倍差をつける
エリート養成講座

早稲田大学国際教養学部教授

森川友義

Discover
ディスカヴァー

一流企業で続々活躍、早稲田超人気・森川ゼミの
20代で10倍差をつけるエリート養成講座

はじめに

この本は、**一度しかない自分の人生を、絶対に満足して送りたいという人に向けて書いた本**です。

もっと言えば、人生で成功をおさめ、日本を背負って立つ「エリート」として認められるために、20代で身につけておくべきことを説いた本です。

早稲田大学における私のゼミでは、毎年15人程度のゼミ生を受け入れています。ゼミ生たちはみな、テレビ局の総合職やアナウンサー、大手広告代理店等のマスコミ業界、総合商社、大手外資系企業、メーカー、IT企業などの「就職偏差値」の最上位にくる企業に就職したり、著名な大学院に進学したりしています。

このような彼ら彼女らに対して、日ごろからゼミで伝えてきたのが、学生という身分を脱し、1人のビジネスパーソンとなったときから求められる基本的な「力」を身につけることの重要性です。

この力とは、表層的な仕事上のスキルや知識というわけではありません。自らの判断と責任で下す「意思決定」により、仕事もプライベートも、つまりは人生がかたちづくられていくという事実、さらには「生き甲斐」とも言えるような仕事における本質的な目的を設定することが、ビジネスパーソンとして「納得した人生」を生きることにつながるということを、講議ではまず理解してもらいます。そのうえで、ビジネスパーソンとして必要とされる力とは何かということを、ひも解いていくのです。それを詳細にまとめたのが本書です。

読者の対象は、若者すべてというわけではありません。就職活動を終えて、首尾よく内定を獲得した大学生や、新卒や転職で会社に入ってから3年ほどの新入社員、年齢でいうと21～28歳くらいの人を対象としています。勤務する会社の大小は問いません。男女も問いません。小さなベンチャー企業でも、従業員1万人を超える大企業に勤務する人でも当てはまります。

ただし、一般職や派遣といった人ではなく、「総合職」の人たちを対象としています。

将来、勤務する会社のみならず、日本全体に影響を与える人たちに向けて書いているということです。

みなさんはまだ若くて、「日本全体に影響を与える」エリートになるっていう自覚はないかもしれませんけれども……。

もうひとつの前提条件は、みなさんが「成長したいと思っている」という点です。**現在の自分では飽き足らず、さらに上へ向かっていきたいという気持ちがあるのかどうかが重要なのですが、その向上心を持っている人のためにこの本があります。**

向上心があったとしても、とかくこの世は不確定なもので、必ずしも成功に結びつかないものですが、この本がその手助けになります。

成功する、つまり目標を見つけてそれを達成するためには、それなりの投資をしてリターンを求めなければなりません。

たとえば、この本を手にとって、代金を払い、時間をかけて読むということは投資となりますが、そのリターンは、「エリートと呼ばれる若手ビジネスパーソンになり、人生において成功をおさめる方法」を習得するということになります。

この投資原則は、みなさんの人生においても同じことが言えます。人生において、自分の成長意欲を成功に結びつけるためには、自己投資をしなければなりません。これからの人生のしかるべきタイミングに、お金と時間と労力を使って、一段上を目指すということになり、そのタイミングにおいても、つねに「意思決定」が迫られます。

では、できるだけ正しい、つまり「エリートにふさわしい」選択をするには、どうしたらいいのか？

その助けとなる判断材料を、これから5章にわたって具体的に説明していきます。

Chapter 1では、意思決定の難しさと「目的・目標を持つ」ことの重要性を強調しています。これは、後のChapter 2～5で説明する内容の土台となるものです。人生において失敗を選ぶのは簡単ですが、成功を選ぶというのは難しいものです。とくに目的がない人生では、必ずつまずいてしまう。当然ですね。向上心とは上に向かうものですが、その上がどこにあるのかを知らないと迷ってしまいます。

Chapter 2では、若手ビジネスパーソンが必ず理解しておきたい仕事および会社におけるルールを述べています。これらは、会社の上司や先輩などが、あえて時間をもうけて親切に教えてくれるというものではありません。言ってみれば、「誰も教えてはくれないけれど、知らないとエリート街道から外れる恐れがある暗黙のルール」です。もしあなたがまだ大学生であれば、これらを知っておくだけで入社後にかなり有効なスタートダッシュを切ることができるはずです。

またこの章では、大学4年生用のSummaryとして、内定獲得から就職までの間を有効に過ごすための10の提案を付けました。

Chapter 3では、日本という国の将来の姿を考察します。グローバル化によって世界からの影響を多大に受ける時代となりましたが、この前提で考えると、日本が向かっている方向性が見えてきます。それをふまえ、マクロの視点から時代の流れを先取りして、効率よく生きるための指針を伝えていきます。

Chapter 4は、若手ビジネスパーソンであるみなさんが、仕事で実際に成果を出し、飛躍的に成長するために実践すべきルールについて説明します。会社員である以上、どの企業でも求められる資質というものがあります。幼稚園、小学校、中学校、高校、大学と5つのインプット教育を受けてきたにしても、ビジネスパーソンとして求められる資質は、おそらく誰にも教えられてこなかったでしょう。ですから、社会のルールに戸惑いつつ、試行錯誤しているはずです。

Chapter 5は、将来の日本を担うエリートになるための心得を解説します。みなさんは将来の日本を指導していく立場にあります。エリートにふさわしい生き方を学んでもらい、将来に役立ててほしいと願っています。

この本が、みなさんの「エリート」としての素敵な人生への一助になるはずです。しっかり学んで実践してください。

２０１５年２月１日　早稲田大学にて

森川　友義

Chapter 2
エリートとして知っておくべきビジネスパーソンの基本

Chapter 3

エリートは、日本のマクロ状況を知り、ミクロな自分に役立てる

Chapter 4

入社3年目までに10倍差がつく「仕事偏差値」を超える働き方

Chapter 5 日本のエリートになる

Chapter 1

20代で身につけておくべきエリートになるための「目的」思考

現在の私たちの平均寿命は男性が80歳、女性が87歳といったところです。みなさんが老人になるころには、この平均が90歳前後になっていることでしょう。

しかし、ほんの少し前までは平均寿命はもっと短かったのです。いまから80年前の大正時代では42歳前後、江戸時代ではせいぜい30歳代でした。さらにさかのぼり、鎌倉時代では20歳代、狩猟採集時代ではせいぜい10歳代が平均寿命であったと推定されています。

ヒトと呼ばれるホモサピエンスが地球に誕生したのは、約20万年前のアフリカですが、現在の私たちはヒトが誕生してから1万3000世代程度、農耕社会が開始されてからは800世代、産業革命以降では20世代、さらに第二次大戦後ではほんの数世代を経ているに過ぎません。

人間の歴史って短いし、人間の寿命もなんと短かったんだと思いませんか？　現在に生きていることを感謝しつつも、この長い人生をどう納得して生きるのかが、昔の人に比べて重要になったということです。なにしろ鎌倉時代の人々に比べれば4倍以上に長いのです。長い人生を満足して生きるのか、いい加減に生きるのか、4倍以上も違うということです。

そのためにも、Chapter 1でお話しする「意思決定」(decision-making)や「成功を選ぶ」という考え方を学んでください。また、みなさんが社会に生きる人間として目指すべき「目的」や「目標」についても解説しています。私たちの遺伝子が持つ根源的な欲求というものがあるのですが、その欲求に根ざした「目的」を持って、「目標」を定め、実現していくと、人生がより納得したものになります。

Rule

01 いくつもの「意思決定」が私たちの人生を決めている

この本において最初に知ってもらいたい言葉は「**意思決定**」です。

ビジネスパーソンとして会社で仕事をしている以上、成功も失敗も最終的には自分がすべてを決めているという事実、成功も失敗も結果として正直に向き合わなければならないというお話をします。

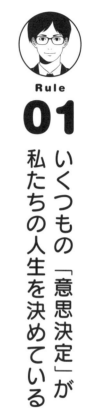

生きることは「意思決定」の連続である

私たちは毎日、さまざまな意思決定を行っています。「意思決定」という仰々しい言葉を使っていますが、いつトイレに行くとか、何を夕ご飯のおかずにするとか、帰宅してどのテレビ番組を観ようかといった日常的なものも意思決定の範疇ですし、大学卒業後どの会社に勤めるのか、会社からどのくらいの距離にあるいくらの家賃のアパートに住むのか、誰と結婚するのか、老後は何をして過ごすのかといったことを決めるのも意思決定の中に含まれます。

とにかく毎日、自分の意思によって、行動を選択しているのです。

でも、この意思決定、難しい場面が多々あります。お昼ご飯を何にしようかでも、たいへん迷うのにね。人生をかけた大きな意思決定はとくに難しいものです。

たとえば、**人生の最大の分岐点は、**

❶どの大学に行くのか？
❷どの会社に勤めるのか？
❸誰と結婚するのか？

の3つです。

どの大学を受けるのか（第一志望に不合格になったときに浪人するかどうか）、どの会社に就職するのか（それほど行きたいとも思わない会社にのみ内定が出たときはどうするのか）、誰と結婚するのか（猛烈に好きではないけれど、自分のことを好きでいてくれている人と結婚すべきか）は重要な意思決定となります。

これらがたいへん重要であることは、これからの人生で、

「大学はどちらへ？」
「お勤めはどちらですか？」
「ご結婚は？」
というふうに何度となく繰り返し訊かれる質問であることでも理解できます。こういう価値観は古いと思われるかもしれませんが、現実として、何度も聞かれます。覚悟してください。

1つめの分岐点である大学受験はとうの昔に過ぎ去りました。その大学に入学し、卒業したことに後悔はありませんか？　もし自分が最高と思った大学に合格したのならば後悔はないでしょうが、もしかしたら、さらに偏差値が上の大学を受験すれば合格できたと思っていたりしませんか？

もし第一志望に合格できなかったのならば、それ以前の段階において充分に勉強しなかったとか、試験当日の体調が悪かったとか、そもそも弱気になって受験さえもしなかったとか、直接的・間接的な要因があります。過去の一つひとつの、大小の意思決定が積み重なって、この結果につながっていると言えます。

2つめの分岐点である就職活動も同じです。履歴書の中で何をアピールするのか、エントリーシートに何を書くかといった基本的なことから、面接でどんな一芸を見せるのかに至るまで、一つひとつが「意思決定」と考えることができます。その結果として、内定が出たり出なかったり……。

三大分岐点の最後は「結婚」です。ほとんどの読者は、結婚はまだでしょう。現在の平均初婚年齢は男性が31歳、女性が30歳ですからね。誰を好きになり、誰と結婚をするのかは重要な意思決定です。

次のように考えてみてください。結婚して子どもを2人もうけて、妻が専業主婦になるという前提で考えると、生涯年収4億円の男性にとっては、4億円を夫婦で折半するのが結婚と解釈できます。他方、女性にとっては、生涯年収4億円の夫を結婚という形で保有し、約2億円を手に入れるというのが結婚ということになります。「結婚は2億円の売買である」というふうに考えると、大きな意思決定でしょう。

ときには不完全情報下でも意思決定をしなければならない

意思決定をするときに情報が100%ある場合を「完全情報」があると言います。完全情報がある場合には、意思決定が比較的容易です。

たとえば、100%の確率で2万円手に入るのと、100%の確率で10万円手に入るといった二者択一では、誰でも迷うことなく後者を選ぶことができます。

選択肢Ⓐ	100%の確率で、1万円もらえる。
選択肢Ⓑ	50%の確率で、3万円もらえる。（残りの50%は何ももらえない）
選択肢Ⓒ	10%の確率で、20万円もらえる。（残りの90%は何ももらえない）
選択肢Ⓓ	1%の確率で、300万円もらえる。（残りの99%は何ももらえない）

図表1－1　4つの選択肢

ところが不完全情報になると、難しい選択になります。たとえば、図1－1のような4つの選択肢のうち、みなさんはどれを選びますか？

大学の授業で、このような問いをすると、過半数の人たちは選択肢Ⓐを選びます。学生にとって1万円は大金ですから、無理からぬところです。しかし、確率的に正しい判断かどうかと言えば、正しいとは言えません。

確かにⒶは確実に1万円が「期待」できますが、Ⓑの場合には、1・5万円（3万円×50％）、Ⓒの場合には、2万円（20万円×10％）、Ⓓの場合には、3万円（300万円×1％）が期待値となります。したがって、期待値が最も大きいⒹを選ぶのが合理的な判断となります。でも、Ⓓを選ぶには勇気がいるでしょう。

ビジネスパーソンである以上、ときには100％確実な選択肢をとり、ときには10％の確率、1％の確率にも果敢に挑戦してみる必要性が出てきます。

問題は、それがいつなのか？

選択肢Ⓓを選んで失敗してしまったときにどうするのか？

しっかり考えて行動しないと、大きく道を踏み外すことになります。

常に100％1万円の安全確実の選択肢を選び続けるのも、大きな道を踏み外している可能性がある事実も忘れてはなりません。

安全だからといって正しい選択とは限らないのです。

Rule

02 過去の人生を後悔するのではなく、未来志向で生きる

人生は「選択の連続」であり、過去において重要な選択だけでもたくさんしてきた結果、現在が存在しています。このRule 02において、過去に下した自分の「意思決定」を認め、自分の人生に納得して生きることの重要性を確認します。なぜならそれが、将来エリートとなるビジネスパーソンが身につけておくべき心がまえだからです。

私たちは無限の選択肢の中を生きている

日本人の平均寿命は約83歳、男性が80歳、女性が87歳と述べましたが、大雑把に考えて、みなさんの余生は少なくとも60年あります。

この60年の人生をどう過ごすか、そこが思案のしどころです。

たとえば、毎日、どのくらいの意志決定を行っているでしょうか？

朝何時に起きるとか、何を朝食にとるとか、どの仕事から片付けるとか、いつ上司にミスを報告すべきとか、誰とデートしようかとかいろいろ選択肢の中から選ばなければなりませんが、たとえば1回の意思決定の中に選択肢が3つあってひとつを選ぶような状況が、1日の中で20回あるとすると、何通りになるか計算できますか？

3×20＝60ではありませんよ。もっともっとたくさんです。答えは3の20乗です。計算すると3,486,784,401通りになります。約35億通りということです！

過去とは、一つひとつの意思決定の積み重ねである

では、過去においてどのような選択を行ってきたのでしょうか？　つまり今までの人生が意思決定によってどのように形作られてきたのかということです。前述のような小さい意思決定はさておき、人生を変えるような重要な意思決定のみを考えます。

生まれたばかりの赤ちゃんのときからこれまでの人生の中で、多くの場合、親の意思決定によってみなさんができあがったと言えるかもしれません。自分で決めているようで、親が好むレールの上を歩んできた場合が多いのです。

自分で決めた重要な意思決定は、いままでの人生でせいぜい10回くらいでしょうか。どこの高校に行くのか、どの大学に行くのか、何を得意科目として何を苦手科目にするのか（得意も苦手も選択をしているのです！）、誰を好きになりどのくらい付き合

うのか、どこに就職するのか、どの部署で働きたいという希望を出すのかといったようなものです。

以上から、仮に10回重要な意思決定をする機会があり、各々において2つの選択肢があったとすると、2の10乗となります。計算すると、いままでの人生では1024通りの選択肢があって、そのひとつを選んだということになります。すでにたくさんの道があったんだということに、びっくりしませんか？

過去において「2の10乗」である1024通りの中からひとつを選んだということは、そのほかの1023の選択肢は選ばなかったということです。

ひとつの選択肢を選ぶということは、別の選択肢が選べないということにもなりますが、これを経済学用語で「**機会コストの損失**」と言います。

「機会コスト」とは、「選択しなかった選択肢のうちから、得られたであろう利益」のことで、今夜のデートの時間をAさんに使えば、Bさんとはデートができないということです。Bさんとのデートから得られるであろう隠れた利益は失われるのです。

他方、ひとつの選択肢を選ぶことによって、そのほかの選択肢を選んだときには得られなかった新しい道が生まれるという点も知っておいてください。たとえば、国家公務員試験に合格したら、国家公務員になる選択肢が増えたということです。受験しなければ、可能性が出てきません。宝くじも同じ。どんなに確率が低くても買えば当選する可能性があり、買わなければ絶対に当たらないのです。そして運良く3億円が当たると、新しい人生の選択肢が生まれます。

このように、ひとつの正しい選択は新しい選択肢を生み、自分を一段高いところに連れていってくれます。

逆に言えば、人生の過去の意思決定で、未来が制約されている事実も存在します。試験を受けなかったり、不合格になったりした場合には、公務員という選択肢は生まれません。人生に制約が生まれたということです。

そこで重要な質問です。

自分の「現在《いま》」に納得していますか？

つまり、1023通りの生き方を捨ててきたのですが、それで良かったと思っていますか？

たくさんの人生の選択肢を捨てたわけですから、現在の人生に納得していなければ、やりきれない、切ない気持ちになりますよね。いまの会社で働く事実は、同業他社で働かないということですし、脳外科医になるとか、プロのカメラマンになるとか、役者になるとかという人生の選択肢も捨てたということになるのですが、それで良かったですか？　いま一度、自分の人生の選択に納得しているのか確認してみる必要があります。

現在の会社で働いていても良いのでしょうか？　いまの恋人で良いのでしょうか（あるいはいま恋人がいない状態で良いのでしょうか）？

いまの人生の延長線上に自分が一生かけてやりたいことが存在するのでしょうか？

ひとつの選択肢を吟味し、自分で未来の人生を作り上げる

それでは、これからはどうでしょう？

重要な意思決定だけに限定して、未来にどのくらいの道があるのかということです。たとえば月に一度、1年に12回ではいかがでしょうか。多すぎるとお考えですか。それでは1年に2回、重要な意思決定を行うというのではどうでしょう。1年間でたった2回です。これなら受け入れられるでしょう。

1年間で二者択一の重要な意思決定が2回あるとして、残りの人生でどのくらいの意思決定の組み合わせがあるか考えてみましょう。

人生残り60年ですから、60×2＝120回あるということです。各々2つの選択肢

ですから、２の１２０乗通りの人生があるということになります。計算すると、兆とか京《けい》とかいう桁を超えて、無量大数（10の68乗）とまではいきませんが、37桁「澗《かん》」という位になります。*1

正確には、1,329,227,995,784,915,872,903,807,060,280,344,576通りの人生です！

どんな選択をしたとしても、オンリーワンは当たり前。

私たちは無限の可能性の中を、そうとは知らずに生きているんだという事実を理解していただけましたでしょうか。まさに高村光太郎が『道程』で言うように「僕の前に道はない　僕のあとに道はできる」なのです。重要なのは、一つひとつの選択肢を納得して選び、将来の自分を作り上げるということです。

というわけで、このルールでの結論を述べます。

過去は過去。未来は未来。

いままで納得できる人生を送ってこなかった人も、過去に決別して未来思考になりましょう。これからの人生を、納得できるものにすればいいのです。それが可能なのです。なにしろ未来には無限の可能性があるのですから。

*1　対数を用いて計算すると、$\log_{10}2^{120}=120\ \log10^{2}=120\times0.301=10^{36.12}$ となり、37桁であることが判ります。

Rule

03 若手ビジネスパーソンのための「意思決定」の6つの心がまえ

前項において、意思決定というものの基本は理解できたとしても、意思決定をする際に気をつけるべきことを理解する必要があります。とくに次の6つが重要です。

1．成功も失敗も、自分が選んだ結果

第一に、人生の成功も失敗も、ぜんぶ自分の意思決定の結果であるという事実を知っておきましょう。「**成功を選ぶ**」という選択肢があり、逆に「**失敗を選ぶ**」という選択肢もあるのです。失敗は自分が選んだ結果であって、自分の責任です。

たとえば、医師国家試験に不合格だった場合、過去に不合格に至らしめた要因（意思決定）があったはず。試験の1ヵ月前に1日10時間勉強しなければならないところを5時間勉強して、残りの時間は合コンやうたた寝に使ってしまったというふうに、不合格に至る選択肢を選んだことが考えられます。

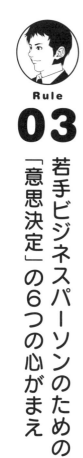

ですから、試験の合格・不合格、仕事上の成功・失敗といった結果は、それまでの過程における選択の間違いに起因していると考えるべきです。

誰の責任でもありません。成功は自分のせい、失敗も自分のせいです。

自分が成功したら自分をほめてあげましょう。失敗したら自分を責めましょう。

そして友だちが成功したら、ほめて差し上げましょう。賞賛するに値します。もし失敗したら、慰めてあげましょう。きっと自分を責めていることでしょうから。

2. 一長一短の選択肢の中から選ぶ

第二に、前項で述べたとおり、ひとつの選択肢をとるということは別の選択肢を捨てるということです。別の選択肢を捨てる勇気を持たなければなりません。

商品を買うときに、品質が同じで価格が違う場合には、安いものは簡単に選ぶことができますが、品質と価格がバラバラで一長一短なときにどのように選ぶべきかは難しく、**自分が納得して後悔をしない「選択の基準」**を設けておかなければなりません。

たとえば女性の場合、五感的魅力に優れる年収400万円のサラリーマンと、五感的魅力にたいへん劣るけれど年収1000万円の弁護士から同時にプロポーズされたらどちらを選ぶのかは当然迷います。男性の場合なら、見かけにたいへん優れる一般職ＯＬと、見かけに断然劣るけれどあなたの勤務する会社の社長令嬢と結婚するチャンスがあったらどっちを選ぶのか？といったように、ひとつの選択肢を選ぶのが難しい状況が出てきます。[*2]

ひとつの選択肢を、自信を持って選び、別の選択肢は捨てる勇気をもたなければなりません。そのためには自分の人生における優先順位を知っておく必要があります。

このように、人生では正解がないように見えて、実は「正解のある選択」というものがしょっちゅうあります。

3. 他人に相談しないで、自分で決める

第三に、難しい選択を迫られたときに、友だちに相談する人を見かけますが、好ましいことではありません。

アドバイスとは、アドバイスをする人の価値観の押しつけです。**相談相手の器量を超えたアドバイスを受けることはできないのです。**器が大きければ大きいほど良いアドバイスを引き出すことができるでしょうが、そのような人が、友だちという範疇にいるとは限りません。

ですから他人に相談するのではなく、自分で決断できるように、自分というものを

明確に確立することが必要です。日本では欧米に比べて、親が庇護する期間が長くて、子どもの独立が遅れがちです。大人になるとは、独立すること、自分で決めるということです。他人の意見に耳を貸してはいけません（ましてや占いなんて絶対にダメ！）。

迷いつつも最良と思える決断を自分一人で行えるというのが、これからの長い人生において必要とされる能力となります。

4. 選択肢を増やすのが正しい生き方

第四に、これからは**選択肢の数を増やす**という生き方をしてみてください。選択肢が少ない、あるいはひとつしかないというのは、迷わないから面倒くさくないという点では安楽な生き方ですが、選択肢がないというのは、人生の醍醐味が失われた状態でもあります。選択肢を増やすことによって新しい可能性が出てくるということですから、可能性は多ければ多いほど良いのです。

＊2　「五感的魅力」とは恋愛のプロセスで最も重要な要素で、視覚、聴覚、嗅覚、触覚、味覚的な魅力を指します。詳しくはRule 16、Rule 29、およびRule 36で解説します。

5．再挑戦とは選択のやり直し

第五に、再び挑戦できる選択肢と、人生1回しか選べない選択肢が混在している事実と向き合いましょう。

再び挑戦できるものには、たとえば試験というものがあります。大学受験、ドイツ語の検定試験、ダンスのオーディションなどなど、再受験や再々受験が可能です。

他方、人生1回きりの選択には、就職活動のときに最終面接が2つ同じ時間にかぶったときにどちらを選ぶのかの判断、新幹線で隣に座った素敵な異性に話しかけるべきかどうかの咄嗟の判断、男性からの「ぼくと結婚してください」というプロポーズへの返答などがあります。自分にとって重要でかつ再トライが難しい選択であればあるほど、真剣に選択肢に向き合って、後悔しない道を選ぶ必要があります。

6．いい加減な選択は、人生がゆがむ

選択肢をいい加減に選んでいると、人生とんでもないところに連れていかれます。逆にどんなに小さい選択肢だと思ってもしっかり選んでいけば、思わぬ高みに人生が向かっていきます。

たとえば、合コンの幹事をした↓5対5の合コンが最悪だった↓飲みすぎてあばれた↓翌日、会社に遅刻した↓仕事でミスした↓むしゃくしゃした↓他人と肩がぶつかった↓ケンカした↓警察沙汰になった↓会社に解雇された、ということもありえない話ではないのです。本来なら、会社への遅刻は防げたし、他人と肩がぶつかったときに謝罪していれば問題が起こらなかったかもしれません。

一つひとつの選択肢の中で間違った選択をしていると、自分を失って迷子になってしまい、ときには「道」を踏み外す事態に陥ってしまうということにもなります。

では、「道」とは何なのか？

「**自分の生きる道**」を確定することこそ、20代で10倍差をつける秘訣です。この点は重要なので、次の項からしっかり考えてもらいます。

Rule 04 大きすぎる目的よりも中期的に達成可能な目的を決める

「意思決定」の次に重要なのが、「目的」を決めることです。人生には目的（あるいは夢）や抱負やビジョン（将来像と呼びます）が必要です。なんらかの目的を持って生きないと人生に充実感がありません。いずれ人生がつらくなります。

しかし、この目的を決めるという作業は、たいへん難しい。なにしろそのような訓練をいままで充分にしてこなかったのですから。

結論を先に言うと、しっかり人生を考えて、「**遺伝子の欲求に根ざした、自分の仕事を面白くしてくれる、中期的な目的を持とう**」となります。

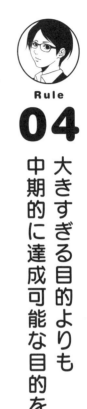

無目的な人生ほどつらいものはない

ロシアの19世紀の文豪ドストエフスキーは『死の家の記録』という小説を書いていますが、その中で自分の獄中の経験をもとにして、意味と目的のない行動の絶望感を描写しています。ドストエフスキーは囚人の獄中労働の様子を描く中で、とくに**つらい仕事とは、無益、無意味な苦役**であって、たとえば「水を一つの桶から他の桶へ移し、またそれをもとの桶にもどすとか、（中略）土の山の一つの場所から他の場所へ移し、またそれをもとへもどすとかいう作業」ほど、つらいものはないと描写しています。

水や土を移動させるというのは、単純作業にして過酷な肉体労働です。ドストエフスキーは、このような苦役は4～5日もやったら誰でもつらくて自殺してしまうだろうと述べています。

自分の一つひとつの意志決定が完全に無意味である状態、想像するだけで怖くなりませんか？

しかし、現実問題として、目的を持たない人生というものを、みなさんはすでに多少なりとも経験しているはずです。

高校時代、「なんで古文や漢文なんて勉強しなくちゃいけないんだ」と思ったことでしょうし、大学時代の授業にしても同じように感じたことのある科目がたくさんあったはずです。大学時代に目的を持って過ごした学生というのは、医学部や薬学部といった、国家試験があって合格しないと職業に就けないといった学部に入学した学生を除くと、ごく少数のはず。経済学部、文学部、国際関係学部といった資格試験のない文系の学部ほど、無目的な学生生活になりがちです。

たとえば経済学部に入学したら、本来ならば経済学を勉強して世の中の経済分野の動きに精通する知識を習得し、学位を取得することが目的なのですが、微積分といった高度な数学の知識を使わなければならない状況になると、専門分野の難しさに反比例して学習意欲が減退し、アルバイトやサークルといった学業以外の場所で憂さを晴らしたりします。

こうして大学に通う目的が見えないことで空虚感が醸成されて、これではまずいと思ってあれこれ手を出して知識をかじったりしますが、所詮、森の中で迷子になった状態と同じで、あっちに行き、こっちに行き、また戻り、再び別の分野をかじり、また諦めてしまうといったことになります。

大学時代が自由気ままで、束縛される時間が極端に少ないことで、深く悩むということはなかったかもしれませんが、本当は、誰でも、空虚感や絶望感が生じたことがあるに違いありません。

自分の行動に意義を見い出せない行動は、ドストエフスキーが言うように、絶望を意味します。なにしろ達成感がないのです。

長期の「生きる道」より、中期の「生きる道」へ

これからの人生もまったく同じです。なんらかの目的を持ち、それに向かって生きていくのが大正解です。

仕事やプライベートでつまずいて「自分はなぜこれをしているんだ？」と自問したときに、「理由はこれこれこうだ」と自分を納得させる必要があります。もしできなければ、苦役となります。

では、その目的とは、「生涯にわたる人生の目的」なのでしょうか。

理論的には、一生の夢が決まっていれば、人生におけるすべての選択肢をその夢から逆算して選択することができることになり、近道を選ぶことができます。

しかしながら長期にわたる人生の夢を決めるのは合理的に見えて、途中変更したときに時間のロスが大きすぎて得策ではありません。

残りの人生が60年以上あって、みなさんがまだ4分の1程度しか過ごしていないことを踏まえると、人生の夢が生涯変わらないという保証はありません。現在どんな夢を描いたとしても、後々変わってしまう確率のほうが圧倒的に高いのです。

ここまでを整理します。

私は、一方で「目的を持とう」と言い、他方で「生涯にわたる目的は持つな」と言っています。では、その心はと言うと、

「自分の人生に納得して生きていくためには、中期的に達成可能な目的を持とう」

ということになります。

今後40年の長期的な人生の目的よりも、10くらいに細分化して、3~5年の中期的に達成できる目的を持つほうが有効なのです。

なぜか？　理由は次の3つです。

❶　3~5年であれば、たとえ達成したい目的が途中で変わったとしても、時間のロスが少なくて済む。Rule 02 の意思決定における選択肢を思い出してみてほしい。人生における選択肢は無限に存在する。その中でひとつでも間違えると長期的な目的は達成されなくなる可能性がある。

中期的であれば、ひとつ致命的な間違いを犯したとしても、目的を変更することで人生の転換を図ることができる。逆にこの間に大きく成長できれば、当初描いていた目的が陳腐に思え、格段に上の目的に向かって目標を再構築できる。

❷　夢を実現するためには具体的な目標の達成が必要になるが、3~5年の期間で

あれば、具体的な目標設定を実施しやすい。その目標に向かって具体的な行動指針を見つけ努力をすることができる。大学受験のときに、高校1年生時の努力と高校3年生時の努力とでは、後者のほうが圧倒的にがんばったはず。

❸ 明確なイメージトレーニングができる。自分の将来の姿を現実のビジョンとして思い描くことが可能となる。

目的は「本質的」でなければ仕事も人生もつまらない

では、目的というと、どのようなものを思いつくでしょうか？

たとえば仕事面ですぐに思いつくものとして、「会社で設定された数字ゴールを達成する」「営業トークのスキルを身につける」「まかされたプロジェクトを成功させる」などでしょうか。プライベートであれば、もっとカジュアルになります。「趣味の将棋で初段をとる」「1年に1回は海外旅行をする」「ゴルフでシングルになる」などといったように。

私は、こういった例は、本質的なものではないと考えます。

これらはみな「そのときの自分の課題」であったり、「そのときの自分を肯定する

手段」であったりはしますが、心の底から感じる充実感にはつながりません。

私たち人間には、根源的に持つ欲求というものがあります。誰でも遺伝子レベルで持っている欲求です。私たちホモサピエンスは約20万年前にアフリカで誕生しましたが、誕生からずっと**DNA**に受け継がれてきた欲求です。

では、その欲求とは何かというと、進化生物学者は「食料獲得」と「異性獲得」の2つに集約させて考えます。誰でも、生きていくための食料が必要ですし、遺伝子をバトンタッチさせるためには異性を獲得して子どもをもうけなければなりません。この2つはホモサピエンスが誕生してからずっと行なわれてきました。

みなさんのように、大学を卒業して企業で働くということは、生きるための手段であり「食料獲得」に相当します。これを1日のうちで最低8時間行うわけです。

この8時間を正当化しなければならないのです。

つまり、**「食料獲得」において、目的を持って行動することが、人生の充足感につながる**のです。

同じ仕事を繰り返すうちに仕事がルーティーン化してしまうと、その仕事の中に自分が埋没して、「なんでこんなことをしているのだろう」「なぜこの仕事ってこんなにつまらないのだろう」などと思うようになります。

自分の仕事にかかわる目的を持たないと、いずれこの空虚感に襲われてしまいます。とくに、仕事でつまずいて自己評価が急落して一気に暗い気分になったときに発現する可能性が高いです。

本書では、このような遺伝子レベルでの欲求を満たす目的を「**本質的目的**」と呼びます。つまり、

❶中期的（3～5年の）な
❷自分の仕事にかかわる本質的な目的を見つけて
❸その目的を達成するための目標を定めて
❹その目標を達成していく

これが20代で10倍差がつき、人生を納得して生きるための秘訣です。[*3]

＊3　「目的」と「目標」の違いは、後者が前者を達成するための手段と定義しておきます。したがって、目的のほうが目標より抽象的で包括的です。

Rule 05 その仕事で、何を成し遂げたいか？「本質的目的」を決める

前項で触れたように、納得した人生にするには、中期的な「本質的目的」を持って、その夢を実現するための具体的な目標を設定するという手順となるのですが、ここではまず「本質的目的」についてお話しし、次項で「目標」について解説します。

「本質的目的」って？大学時代をヒントに考えてみる

もう完全に手遅れですが、本来なら大学時代にも本質的目的を持ち、目標を設定して行動しなければなりませんでした。目的を持って過ごした大学時代は充実したものだったでしょうが、無目的に生きた人は、楽しかったにしてもどこか空虚な大学時代だったに違いありません。

就職活動のときにエントリーシート（ＥＳ）で「大学時代にがんばったこと」を書かされたはずです。それって大学生としての本質的目的を訊かれていたのですね。

みなさんの本質的目的は何ですか、その目的を遂げるためにはどんな目標を設定しましたか、達成できましたか、そのプロセスでどんなことを学びましたか？　などについて書くべきだったのです。

学生ですから、職業としての学問があって、学問の中でどんなものに興味を持ち、興味をどこまで行動につないでいったのかを書くのが正しいESというものです。「サークルで副部長をした」「アルバイトで接客を学んだ」などというのは、本質的目的でもなんでもありません。サークルは遊びだし、アルバイトは小遣い稼ぎです。学生の本分とは関係がありません。

具体的に説明したほうがわかりやすいので、ここでは2人の元森川ゼミ生の例を紹介することで、学生の本質的目的とは何だったのかを知ってもらいます。

まず一人目はH君。父親の関係でオーストラリアに1歳から4歳までの3年間住んでいたことから、オーストラリアが大好きになりました。大学入学後の留学ではクィーンズランド大学に1年間交換留学しました。[*4]

H君の大学時代の「(本質的）目的」は「大学生1のオーストラリア通になる」で

＊4 ─ 早稲田大学国際教養学部では1年間の留学が必須になっています。

した。オーストラリアという国を学ぶことによって、日本の政治経済文化を比較対象として学びましたし、そのほかにも日本との二国間外交を学んだり、両国の輸出入状況を学んだりと勉強の幅を広げていきました。最終的には、どの牛丼にはオージービーフ（オーストラリアの牛肉）が何パーセント使われているのか、その理由はなぜか、といったことまで熟知していました。飲食業にまでつながる学問となったのです。アルバイトもオーストラリアに本店がある外資系レストランで働くという徹底ぶりでした。現在では、大手の精密機械メーカーに勤務しています。

もう一人はS君。S君は、父親の仕事の関係で、パラグアイで生まれて9年間居住し、その後ウルグアイに引っ越して、ウルグアイの高校を卒業したという変わった経歴を持っています。大学に入学するまでの18年間、一度も日本に住んだことがありませんでした。当然、スペイン語と日本語が堪能です（なお、テニスも得意で、ウルグアイの国体では5年連続優勝したという怪物です）。

こうなると、S君の大学における「（本質的）目的」は「発展途上国における開発問題を研究すること」となります。南米に住んでいたため、貧困を直接的に実体験していますので、開発問題に対して意識が高く、最終的には南米からアジア地域まで興味を広げて、大学3年次にはバングラデシュを訪れ、小口金融で有名なグラミン銀行で1ヵ月のインターンも行いました。現在では大手総合商社に勤務しています。

ビジネスパーソンとしての本質的目的の探し方

それでは、ビジネスパーソンとしての本質的目的はどのように設定すべきなのでしょうか?　当然、仕事に関連したものとなります。ただし、目的にしてはいけないものが2つあります。

ひとつは「将来、自分の会社の社長になる」というもの、もうひとつは「将来、1000万円稼ぐ」というようなものです。

「社長になる」を目的にするのは、もっともらしいですが、『役員四季報』によれば、全上場企業の代表取締役社長の平均在任期間は約7年です。*5 仮に同期入社が100人で一定しているとすれば、100人×7年で700人に一人の倍率で社長になれるということになります。自分の人生をかけた長期戦になり、「中期的」目的とは言えませんし、また確率としてはたったの0・14%にしかなりません。このような確率の低さで、自分の働くモチベーションを高いままで維持できるかどうかというと、前述のとおり、たいへん難しいものです。

「年収1000万円を稼ぐ」というのも良くない目的です。お金を目的にすると、

*5 長い社長になると50年以上在任していますが、ほとんどは自分または父親が立ち上げた企業です。

日々の仕事がつまらなくなるということは心理学者や経済学者の間でよく知られています。[*6]

年収というのは結果であって目的ではありません。

お金を目的にしたままでは、**どの仕事をどんな方向でするのかという考え方が欠落したままです。**

あたかも大学時代に「すべての受講科目で『A』をとる」というのを目的にするのと似ています。「A」をとることは目的としてはふさわしくありません。成績は結果であって、学生にとってはどの学問をどのような形で学ぶかが重要なのです。それと同じで、どんな仕事をどのような方向性でしたいのかが目的となるべきです。[*7]

では、中期的で、かつ本質的目的としてはどのようなものが考えられるのでしょうか？　当然、業界や業種によって、本質的目的は異なってきますが、具体例を3つ挙げますので、みなさんが見つけるべきもののヒントになることを願っています。

第一に、メーカーといった業界のように、取り扱う商品が決まっている場合には、本質的目的を決めるのは比較的容易です。自動車、テレビ、時計、アクセサリー、化粧品、紙おむつといったように自社製品があって顧客に売るというビジネスであれば、その商品をとことん調べて、製品の本質を理解するということを目的とするのはどうでしょうか?

たとえば、自動車会社に勤めていて、エコカーの販売に携わっていれば、「エコカーの知識に関して日本一になる」といった目的が考えられます。この目的を実現する具体的な目標としては、「自動車の部品についての知識、自動車やエコカーの歴史、気候変動といった地球環境問題の知識、自社製品の特徴、外国為替、世界経済といった分野に精通する」となります。時間とお金に余裕があれば、世界23ヵ国に点在する自動車の博物館を訪れるという目標も役に立ちそうです。

「エコカー・マニア」になることで、仕事上のニッチをつくり、他の人から頼りにされる存在になることができます。仕事上で自分の居場所ができると、人生の充実感へとつながっていきます。

それでは、出版社に勤務する人はどうでしょうか。たとえば若手編集者として「20

＊6　たとえば、『予想どおりに不合理―行動経済学が明かす「あなたがそれを選ぶわけ」』(ダン・アリエリー著、熊谷淳子訳、早川書房、2013年)を参照。

＊7　なお、わが国の代表取締役社長の平均年収は約3000万円。高いか低いか議論の別れるところです。

代向けのビジネス書のベストセラーを3年以内に出す」を目的に設定するとします。さらに、それに付随する目的として、「20代の意識を変える」というものも設定します。

では、どのくらいの人に買ってもらえればベストセラーになり、なおかつ20代の意識を変えることができるのでしょうか。日本の20代の人口はおよそ1285万人ですから、その1割が読んでくれればそれを達成できるとします。つまり、「120万部売れる本（あるいはシリーズ）をつくる」という目標になります。実際、100万部を突破する本は、世の中に非常に影響力を発しています。

こういった「数値」での客観的基準の努力目標を立てることができれば、プランを練って戦略を立てることができます。この目標を達成するためには若者の現状を正確に分析すると同時に、そのトレンドをキャッチすることが求められます。また、「売れる本作りのスキル」を習得するという目標も生まれるでしょう。120万部のヒット作品をつくれば評判になり、著者の候補やヒットの種が集まってくるでしょうし、自分の充実感にもつながっていくものです。

経理関係の仕事をしている人は、数値目標が設定しやすいです。業界や業種を問わず普遍的に必要とされる能力というものがあるからです。

どの会社でも経理業務としては、現金の出納管理、会計伝票の記帳や管理といったことから、給料の支払い、取引先への支払い業務、決算報告書や消費税・法人税の確定申告というものがありますが、経理の仕事を円滑に行うためには、会計についての専門的知識が不可欠です。

中期的な目的として「会社で最も会計学に精通した人になる」と決めれば、そのための「1年以内に簿記検定を1級まで取得する」「3年以内に公認会計士の国家試験に合格する」などといった数値目標も生まれます。

Chapter 2以降を先取りしてひとつ強調しておきますが、**どんな仕事についていようとも、会計学の知識と英語力の2つは共通して必要な知識**です。したがって、どの会社のどの部署であっても、必要度に応じて2つのうちどちらかあるいは両方の上達を本質的目的とするのは理にかなったものです。

企業とはお金もうけをする場所であり、グローバル化を前提にすれば、お金の流れを把握することと、海外の取引先とコミュニケーションをはかる英語力の上達は不可欠です。

Rule

06 目標設定は、やや高めで、短期間で、自分だけで達成可能なものにする

前述のとおり、掲げた本質的目的を現実のものにするためには具体的な**目標設定が必要**になるのですが、目標設定に関しても重要なルールがあります。目標を設定するための基本原則は、次の3つです。

❶やや高すぎるくらいの目標を掲げる
❷短期的な目標にする
❸自己完結する目標にする

一つひとつ詳しく説明します。

1.「125%の自分」で設定した目標にする

目標は高すぎると、やる気を削ぐことになります。逆に目標が低すぎると、進歩せずに倦怠に陥ります。できれば、高すぎることはないけれど低すぎない、どちらかといえば**「やや高すぎるくらいの目標」を設定するのが、自己実現につながる**ということです。

たとえば、高校、大学と試験があったはずですが、何点くらいとりましたか？

100点満点でいうと100点を目差すけれど、満点はとれなかったものです。だいたい80点くらいだったのではありませんか。東大医学部に入るような頭脳がずば抜けて良い高校生は別とすれば、ふつうは80点前後です。ここでいう「やや高すぎると思うくらいの理想を目指す」とは、満点以上を目指して満点を獲得しましょうということです。

100%の成果を上げるには、125%の自分を目指せ、ということになります。125%の8掛けでちょうど100%になります。自分にはちょっと無理かもと思えるくらいの目標が、ちょうど良いものとなるのです。

2．短期的な目標設定をする

第二に、目標は長いより短いほうが良いでしょう。アメリカの心理学者クランボルツ教授の調査によると、18歳の時点で思い描いた将来像が大学卒業後に実現する確率はたったの2%しかないそうです。[*8] 大学4年間でこの達成率ですから、長期の目標を立てたとしても、そのうち計画がとん挫する可能性が高いです。短期目標の成功の積み重ねのほうが良いのです。

短期的な目標のメリットは、なんといっても高いモチベーションを維持できるという点です。1年や2年で達成できるものならば、ゴールが見えているわけですので、1日の大切さを実感できます。また、意思決定の選択肢という観点からも短期的のほうが良いです。目標が達成されると、次に新しい選択肢が生まれてくると前述しましたが、その新しい選択肢は、目標達成前では気づきづらいのです。

たとえば英語力を高めようとTOEFL iBTを受験したところ、120点満点で100点以上とったとします。すると、社内の海外留学制度に応募するという選択肢が生まれてきたり、海外赴任のチャンスが出てきたりと人生の新しい展望が開けてきます。比喩でいうと、富士山でご来光を目指して山頂に着いたら、ご来光だけではなく、いままで見ることができなかった反対側の美しい景色も見ることができたといったところ。

とにかく一段高いところを目指して行動し、目標を達成することで、思わぬ道が開けるものです。

3. 自己完結できる目標を掲げよう

第三に、他人を巻き込むものより、**自分だけで達成可能なものにすべき**です。他人はあてにできないし、失敗したときに他人のせいにしてしまうからです。

悪例としては「世の中を自社製品でいっぱいにしたい」「世界の貧困をなくしたい」「地球環境を改善したい」といったものです。貧困問題の解決や地球環境の改善はぜひ実現したいものですが、自分一人の力ではどうにもなりません。行動を開始することができたとしても、途中で自分の無力さを知ることになり、挫折してしまいます。挫折したときに自分以外の人たちのせいにしてしまいがちで、健全な姿ではありません。

目標を設定するときは、自分一人の力でどうにかなり、失敗も成功も自分に帰することが重要です。

では、みなさんはどのような目標にしますか？　どんな場合でも本質的目的に沿った目標にすべきです。目標は複数あってもかまいませんが、共倒れにならないように気をつけてください。

＊8　J・D・クランボルツ、A・S・レヴィン著、花田光世、大木紀子、宮地夕紀子訳『その幸運は偶然ではないんです！』（ダイヤモンド社、2005年）。

Rule

07 目標を達成するには3つの要素をおさえること

目標を設定できたからといって、必ず達成できるわけではありません。目標を達成するためには、3つの要素が複雑にからみあって成功に導いてくれます。それは次の3つです。

❶先天的能力
❷努力
❸運

1．目標を達成するのに適した「先天的能力」があるか

ひとつ目が、**先天的能力**です。私たちすべての人々が、すべての仕事を等しくこなすことができるといったような万能の能力を持ちあわせているわけではありません。

人それぞれ、親から引き継いだ先天的な能力や、さらに環境や教育によって形作られた後天的能力もあります。先天的要素と後天的要素が混じり合って、今の自分ができあがっているのです。

みなさんの会社で置き換えると、ほとんど努力することなしに簡単に仕事をこなすことができる人と、どんなに努力しても仕事ができない人がいます。先天的能力の差ですね。

たとえば、航空管制官の仕事に就いたとして、空間感知能力の高い人は仕事が容易ですが、そうでない場合にはたいへん難しい職業です。「テストステロン」という男性ホルモンの多寡が影響しているのですが、少ないと空間感知能力に劣り、努力では克服できないものです。逆に、銀行員や公務員や農業といった仕事に就く場合には、我慢強さ、間違いを犯さない、保守的な行動をとるという性格が必要となり、テストステロンが多い人には不向きで、少ない人にこその天職です。[*9]

このように、職業によっては、努力で克服できない能力が要求されるものがあって、自分の個性に合わない職業に就いた場合には苦労することになります。ですから職業を決めるにあたっては性格を含めた自己分析が必要であり、就職活動の間に何度とな

*9 ジェイムズ・M・ダブス、メアリー・G・ダブス著、北村美都穂訳『テストステロン　愛と暴力のホルモン』(青土社、2001年)。

く面接者から訊かれたはずです。とはいえ、自分で正しく分析したとしても正直に申告はしなかったでしょうけれどね。

2. 先天的能力を「努力」でさらに伸ばすことができるか

二つ目は「努力」です。目標に向かってどの程度苦労をいとわないのかということです。努力の中身を構成する三要素については次項で解説するとして、ここでは、先天的能力および後天的能力と努力の関係を明確にしておきます。

たとえば、あなたが会社に勤め、財務部に配属されました。もしあなたが数学的素養に優れ、小学校から数学が得意で、大学は経営学部出身で、在学中に公認会計士試験に合格するほどであれば、財務部に配属されても、要求される努力度はそれほど高く感じません。

他方、もし数学が苦手で、大学は文学部で、会社に入ったらたまたま財務部に配属されたというのであれば、努力のレベルは非常に大きくなります。毎日が苦労の連続かもしれません。なにしろ、先天的能力で劣り、後天的能力が開発されていないのですから、努力でカバーしなければならない部分が大きすぎて、物理的にも精神的にも対応できないかもしれません。

今後求められる努力のレベルは、この2つの能力の多寡によって決定されます。**根性論で努力すればなんとかなるというのは正しい考え方ではありません。**

できれば努力の程度が小さく、努力するプロセスを楽しいと感じるような天職に就きたいものです。

3. 運を味方につけられるか

三つ目が**運・不運**です。運・不運が作用する余地は、みなさんが考えている以上に多いのです。

たとえば、すでに経験済みのはずですが、学校において得意科目、不得意科目をつくったのは、教師の教え方がうまい・下手が主因のはずですし、大学の入試においても当落線上の2点差以内に何十人、何百人が集中していますので、偶然前日に解いた問題が出題されたとか、あてずっぽうでマークシートを塗りつぶした答えがたまたま正解だったとか、就職活動においては、たまたま面接者との相性が良かった（悪かった）で、合否が判定されたはずです。仕事においても、たまたま電話をとった人が決裁権のある人で、あっというまに商談がまとまったということはよく聞きます。

人生とは、そもそもそういうものです。

運が良い人ほど、成功をおさめ、納得のいく人生を送ることができるのです。

ただし、結果は見えても運・不運は見えない、というのが難しいところです。

私の人生を振り返っても、小学生の時には自動車に轢かれて一命をとりとめたとか、国連職員としてウガンダに勤務していたときに拳銃を持った三人組の強盗に門の前で待ち伏せられて、弾丸が頭上をかすめていったとか、自宅にいたら機関銃を持った兵士が泥棒に来て、あやうく殺されそうになったとか、人間ドックでガンを早期に発見することができて摘出手術ができたとか、生死にかかわる経験をいろいろしてきました。

これらはみな幸運だった（少なくとも不幸中の幸いだった）と思えるのですが、よく考えれば、幸運と同じように不運も相当の数を経験してきたはずです。試験に落ちるとか、フラれるとか、試合に負けるとか、悪い成績をとるとか、仕事で大失敗するとか、ケガをするとか、数多くの失敗も経験してきたわけですが、そのうちどれが先天的能力不足や努力不足の結果だったのか、それとも単なる不運だったのかの見分けがつかないのが、人生の意思決定をする上でたいへん難しいところです。

思うような結果が出なかったときにどのような道を選択するのかは、結局のところ、

自分の描く目的や夢に対して、どの程度欲しているかという気持ちの強弱の問題であるようです。

強く望めば再挑戦するでしょうし、弱い気持ちであるならば、諦めて別の道を歩んでいくということなのでしょう。

Rule 08 リターンを得るためには、投資しなければならない

Rule 07では、目標の達成は、❶先天的能力、❷努力、❸運の3つに左右されると述べました。この3つのうち、❷の努力についてさらに詳しく解説します。

努力とは、がむしゃらにするものではありません。努力には3つの大きな構成要素があるのですが、この3つの配分をどうするかで成功・不成功が決まりますので、配分の仕方を戦略的に考えることが成功の秘訣です。

努力をするのは目標を達成するため、リターンを得るためです。努力とは、投資です。つまり、投資してリターンを得る、このように考えてもらいたい。

では投資するものは何かというと、「**時間**」「**労力**」「**お金**」の3つです。

正しい「努力」をするには3つの投資原資で考える

大学受験を例にとってみましょう。第一志望の大学に合格するというのが目標だとすると、合格するために3つの投資原資を配分します。

第一に**時間を配分する**必要があります。先天的能力といった他の変数を一定とすると、1日のうちで配分できる勉強時間によって目標の達成度が決定されます。

第二に、**労力（エネルギー）の投資**が必要です。大学受験の場合、労力の中でも、とくに集中力、暗記力、理解力、分析力などが試されます。いかに効率的に覚えていくのかという点について戦略的にアプローチするのが常套です。

第三に、**お金の投資**が必要です。受験勉強のときには高校の教科書の他に、市販の参考書や問題集が必要でした。場合によっては塾や予備校や家庭教師が必要です。どの場合にもお金がかかります。最も高額なのは一対一の家庭教師、最も安価なのは参考書を買って独学で勉強する方法でしょうか。自分あるいは親が投資できるお金の量が成功・不成功の一因であることは否定できません。

就職活動においても、大学受験と同じように、時間、労力、お金を投資して、内定を勝ち取ったはずです。

実際に、企業というものも、商品開発に3つの投資原資を使って新商品を生みだしていますし、私たちの恋愛の場面でも、とくに男性は時間と労力とお金を投資して女性の恋心を勝ち取っているものです。

このように、この世の中、すべからく投資してリターンを得る仕組みになっています。もし自分の立てた目標が達成されないようなことがあったら、3つの投資原資のうち、ひとつまたは複数が足りないということになります。

「好きこそものの上手なれ」を基本に投資する

仕事が好きであるかどうかが、この投資とリターンにかかわってきます。

仕事が好きだと、自ら進んで時間や労力やお金を使って、仕事に関連する知識を得ようとします。他方、仕事が好きになれないと、仕事に使う時間は最低限となり、仕事の内容もなおざりになります。

1日24時間の中で、睡眠を8時間とすると、残りの16時間のうち、半分の8時間は最低でも仕事にかかわるわけですから、仕事が好きでいることはたいへん重要です。今後40年間同じ会社で働くと仮定すると、その40年間を満足するかしないかで、人生の幸福度が変わってきてしまうのは当然です。

また、仕事上で困難な場面に直面したときに、我慢できるかできないかの分岐点になるのが、仕事が好きかどうかという点です。

たとえば、いまの仕事が大好き、普通、嫌いという3人（それぞれAさん、Bさん、Cさん）がいると仮定します。その3人の前に神様（悪魔でも良い）が現れて「退職金をいくら積んだら、いまの会社を辞めてくれるか？」と言ったとします。Aさんは1億円、Bさんは1000万円、Cさんは100万円と言いました。この退職金の金額は、いまの会社の仕事に対する熱意でもあるので、どれだけ我慢できるかという数値でもあります。

どういうことかというと、仕事につまずいたとき、困難に直面したときに、Aさんの場合には、総額1億円の負荷まで我慢できるということです。他方、Cさんにとっては、ほんのちょっと（100万円程度）の困難でも、嫌だ、辞めたいと思ってしまうということです。好きなら、我慢して努力します。嫌いだと、我慢するのがつらくて、努力をするくらいなら辞めてしまおうと思ってしまうのです。

「好きこそものの上手」になるものですし、仕事がつらくても乗り越えていくことが可能です。ですから、仕事が好きかどうかを再確認する必要があるのです。

これからの人生では、好きなものをとことん好きになる必要があります。

嫌いなことは無理やり好きになる必要はありません。

嫌いなことに3つの貴重な投資原資を使うくらいなら、好きなことに投資原資を使って、さらに好きになり、好きを極めるということのほうがずっと大切です。

Summary
まとめ

仕事も人生も面白くなる「目的」の持ち方

エリート・ビジネスパーソンとしての一歩を踏み出し、人生を納得して生きるには、「目的」という言葉に代表されるようなアップグレードされた「将来像」を思い描き、実現していくことが不可欠です。それを「中期的目的を見つける」という言葉を使ってみなさんに提案しました。

目的を持たずに生きるとは、大きな森の中で迷った状態。どちらに向かって進むのか、何を目指して進むのかを喪失した状態です。方向性がわからないと、同じ場所を行ったり来たりして、森から抜け出すことができないし、「無目的な苦役」をしている自分に絶望を感じて、精神的に押しつぶされそうになります。

だからこそ、食料獲得にかかわり、自分の「仕事」に意義を見出すための本質的「目的」を見つけて、その目的を現実にする「目標」を設定して、達成する努力をすべきです。

目標の設定基準は、やや高すぎるくらいで、短期的で、自己完結するものとなります。

目的と目標が定まったら、努力という「投資」をしてリターンを求めることになりますが、努力の構成要素は、時間、労力、お金です。目標を達成するために効率よく投資したいものです。

大学生はお金はありませんが、時間と労力がたくさんあります。社会人はその反対にお金はありますが、投資できる時間が少ないです。要するに、潤沢にあるものを使って、足りないものを補うことが必要です。

この場合には、結果よりプロセスに重要性があります。

これはChapter 2で説明しますが、会社内では結果が求められますが、**人生の生き方という点では、結果よりも、「どのくらいがんばったか」という自己実現へのプロセスが重要です。**

たとえ目的が達成できなくても、自分の性格を分析し、将来の可能性と先天的な限界を知ることができるのと、目的を途中変更してもそれまでの実績が将来に役立つからです。もちろん目的が達成できれば、一段高い自分に生まれ変わります。成長できたら、さらに高いところに向かって行こうという気持ちが湧いてきます。

その意味でも、長期的な目的より、3〜5年で実現可能な目的を持つことをお勧めします。

ただし、心得ておかなければならないのは、「自分の生きる道」を選択することは別の可能性を失うことでもあるという事実です。ひとつの道を選ぶ勇気と、他の選択肢を捨てる勇気を同時に持たなければなりません。**仕事に追われていると、選択肢を自分から捨てているのではなく、捨てさせられている状態になることもあります。**

そのような形で選択肢を喪失していくのを「無駄に年をとる」というのですが、そうであるからこそ、納得して自分の道を見つけて歩んでいってもらいたい。

なお、中期的な目的がどうしても見つからなかったら、いきなり具体的な目標に向かってもかまいません。

とりあえず短期的な目標を設定して、実現していくと、そのうちに将来のビジョンがはっきりしてくるということもしばしばあるものです。仕事に関係したことで自分がやりたいことを目標を決めてやる、これがたいへん重要です。目標を定めて一つひとつクリアしていけば、本書のタイトルにあるように「10

倍」の差をつけることも可能となるのです。[*10]

＊10 本書のタイトルのように、実力を10倍にするためには、1回の目標達成につき10%自分をグレードアップできれば、複利計算により25回目で約10倍になります。もし1回で50%グレードアップできるなら、6回の目標達成で10倍以上となります。不可能な数字では決してありません。

Chapter 2

エリートとして知っておくべきビジネスパーソンの基本

会社に入社し、ビジネスパーソンとして生きていくには、心得ておかなければならない重要な点がたくさん出てきます。思い出してみてください。大学時代は、小学校6年間、中学3年間、高校3年間に続く、インプット期間の最後の4年間でした。小学校から数えて16年間、教育を受ける立場でした。

しかし、社会に出て、1人のビジネスパーソンとなると、立場が劇的に変わります。

根本的な違いは、生活の担い手が親から自分自身になる点です。大学時代までは、おなかがすくと小鳥のようにピヨピヨ鳴いていれば親からエサをもらうことができましたが（たとえば「ママ〜、ご飯、まだ？」「今年の授業料、早く払ってよ」）、社会に出ると、ピヨピヨ鳴いても助けてくれません。

金銭的に独立し、住むところを探して、社会人にふさわしい衣服をまといます。衣食住において自立し、人生の意思決定は誰にも相談する必要はなく、自分で行います。

これを認識したうえで、生きるための食料獲得の手段を確保するために、最低限知っておくべき社会の原則を頭にたたきこみましょう。入社した会社で成果を出し、できる若手ビジネスパーソンとして内外に認められるためには、必要不可欠な要素です。

Rule 09 「会社に労働力を買われている立場」だと心得よ

大学生とビジネスパーソンの最大の違いは、**お金の流れが逆転する**点です。財政的に独立するのです。

知識をインプットすることを本分とする学生は、大学から得る知識の対価として、「授業料」という形でお金を支払います。大学生は教員が提供する知識の消費者です。**お金を出して知識を買う**という、スーパーマーケットでミネラルウォーターを買うのとまったく同じ構造になっています。

大多数の大学生は、親が授業料を払い、自分では一銭も払わないので、授業から得る品質は精査していないようです。受講者の口コミ、ネットでの書き込み、大学生が販売する小冊子で内容をチェックする程度です。

本来なら、品質の良い商品を買うものですが、大学生によってはむしろ授業の内容が薄く、吸収すべき知識のレベルが低くて、それでいて単位が簡単に獲得できる授業が人気になるといったように、一般常識では考えられない側面がありますが、単位の取得と学位の取得も品質の一部と考えると納得がいきます。

このように大学生では授業料といった形で、インプットすべき知識の対価として支出が行われますが、会社に入ると、仕事にかかわるアウトプットに対して会社から対価が支払われます。

自分の労働力を会社に売って給料をもらうということです。

ただし、実際には、ついこの間まで大学生だった人が、入社当初から戦力になってくれるということはないので（サークルとアルバイトの毎日ではしかたがありません）、OJT（On the Job Training）や研修という形で教育されます。つまり、仕事を完全に覚えるまでは、アウトプットと同時にインプットも行われるということです。

厚生労働省（2013年）によれば、大卒初任給を企業の規模別に見ると、従業員1000人以上では20万2500円、従業員が100〜999人だと19万7000円、99人以下では19万円ですので、まあだいたいのところ20万円です。なお、高卒の初任給は16万円程度ですから、それよりは4万円も多いということになります。

ただし、ここから、社会保険料（会社に勤めている社員にかかる労災保険料、雇用保険料、健康保険料、厚生年金保険料の総称）約2万5000円、所得税約5000円（その後、2年目からは住民税等々が引かれます）、手取りは17万円程度となります。企業によっては、交通費、住宅手当、残業代を加算しますから、一概には言えないのですが、それなりの企業であれば、手取りで20〜25万円といったところではないでしょうか。

この中から、賃貸アパートや社宅の家賃を払い、日々の食費を払い、残ったお金が遊興費や貯蓄になりますし、自宅から通っている場合には、家賃と食費はありませんが、人によっては親にそれなりの金額を渡す孝行者もいます。

財政的独立がもたらす変化

このようにお金を自分で稼ぐようになると変化がいくつか訪れます。

まず、前述のように、「生きるために稼ぐ」という現実を知ることになる。学生の時は授業料は親が支払ってくれたはず、地方から下宿の場合には、家賃や生活費も払ってくれていたはず。でも、ビジネスパーソンは、自分が生活する分は自分で稼ぐことになります。

自分で稼いだお金ですから、自分で自由に差配して消費することができます。これが社会人の醍醐味です。

使い方は、なんでも大丈夫。基本的な生活費を除いて、飲み代、自己投資（美容や将来への貯蓄）など、個人の裁量で決められます。学生時代には手が届かなかったものを買えたり、美味しいものを食べたり、と贅沢ができるようになるのです。

別の見方をすれば、**給与としてもらったお金の歳出は、自分の生き方を反映します。**衣服に使うのか、貯蓄に使うのか、飲み代に使うのか、習いごとに使うのか、みなさん一人ひとりの生き方が問われているということになります。

さらに、お金を稼ぐようになると、学生時代には気にしていなかった税金や年金が、自分の給料からどんどん引かれていくのを見て、政治の仕組みについて詳しく調べるようになります。**「ライフサイクル効果」**と呼ばれるものですが、年齢と税金の上昇とともに、税の使われ方、健康に対する意識、介護問題、子育て、子どもの教育などに関心が広がっていきます。それまでは無関心だった政治に興味を持つようになり、新聞も裏から見ていた人でも第一面の記事に関心を抱くようになってくるものです。

Rule

10 「時は金なり」時間のやりくりの腕が試される！

20世紀のイギリス人作家、バーナード・ショーはかつて「若者には青春がもったいない」と皮肉りました。大学生ほど時間があるにもかかわらず、時間のありがたさを理解していません。健康と同じ、失って初めてその価値に気づくのでしょう。

多くの大学では、春学期・秋学期という2学期制をとり、夏休み、冬休み、春休みの3回ある大型休暇を合計すると、1年間に20週間あまりの休暇があります。

また、学期中であるからといって、授業が毎日あるわけではなく、週単位では平日に1日は授業がない日があるもので、「人生最大の夏休み」と言われるくらいの大学時代であるにもかかわらず、その期間を有効に過ごしている学生は少数です。

他方、多くのビジネスパーソンは、1年間に20日の有給休暇がもらえても、日本の企業の慣例として、すべてを使い切ることができるというわけではありません。長期休暇としてせいぜい7～10日、土日を含めると2週間程度が最長ということになります。休みを取る際には、同僚や先輩の休暇事情やプロジェクトのスケジュールも考慮しなければならないため、若手の社員ほど、自分の希望する日にちに休めることはないでしょう。

大学時代とは異なり、多少体調が悪くても、二日酔いでも出勤しなくてはなりません。病気による欠勤は正式に認められていますが、実際には、有給休暇の中でこなしていく場合もあるようです。病気になって休みをとっても、休んでいる間に他の社員がカバーするシステムの会社や部署では、申し訳ないという気持ちになりますし、そんなシステムがないところでは、休んだ分だけ仕事が山積みされてしまうので、休んだ後が怖くなって、多少の病気なら出勤してしまうのです。

時間管理がすべてを制する

仕事では午前9時～午後5時、あるいは午前10時～午後6時の拘束時間がありますが、残業時間が多いと、平日に友だちと会って飲んだり、恋人とデートをしたりというのは難しいようです。行けるとしても週に一度程度ではないでしょうか。毎日が可能だった大学時代とは大きな違いです。

時間が有限であり、貴重な財産であるということは、有効活用の必要性があるということになります。お金と同じです。お金が無限にはない以上はやりくりが必要です。時間が限られている以上、まず**時間管理をしっかりしなければなりません**。

時間管理には、1日という超短期、1週間という短期、1年程度の中期がありますが、どの時点でも計画的に時間を使っていかないと、せっかくの人生において無駄な時間が生じてしまいます。

短期的には、与えられた仕事をいかに時間内でこなしてプライベートの時間を増やせるかという時間配分の問題が重要ですし、中期的には、1年でどのくらい貯蓄すべきか、将来に向けたキャリアプランはどうすべきか、恋人さがしや恋人との将来をどのようにすべきかといった問題を考える必要があります。

また、**ON（仕事）とOFF（プライベート）の速やかな切り替えが重要**です。週休2日制のもとでは、仕事をする時間としない時間を明確に分けなければなりません。土日も仕事に役立つ勉強や作業が必要な場合もありますが、基本的にONとOFFを定めておかないと、せっかくの休日に仕事が頭から離れずに、つまらない休日を過ごすことになってしまいます。

会社を経営する側から見ても、仕事中は仕事に集中してもらいたいと願っています。会社はみなさんの労働時間を買っています。勤務時間に対して会社が対価を支払っているため、仕事中に仕事とは関係のないことに時間を使われることは会社の「損失」です。学生時代にはそういう発想はありませんでしたよね。**学生時代は自分が理解するまでじっくり考えたり、目的に達するまで遠回りしたりすることができましたが、会社では「損失」と仕分けされます。**

そこでアドバイスですが、「労働を時間売りしている労働者」としては、どんなにひまであろうが、前日飲み過ぎて二日酔いだろうが、週末の恋人とのデートをどうするか考えていようが、会社側に知られることは絶対にあってはなりません。たとえば、優秀な社員は、同僚から「どう、最近？」と訊かれたら、どんなに仕事がなかろうとも「毎日忙しくて、猫の手も借りたいくらいだけど充実してる」と答えるものです。くれぐれも「ひまでひまでつまんない」とは言わないように。

さらに、ビジネスパーソンは、すべからく**期限を守ることが求められます。**自分のペースで仕事をするのではなく、一緒に働く人とのかかわり合いで仕事のペースが決まります。勤務時間は決まっていますし、会社によっては残業時間が制限されていますので、限られた時間内での業務の優先順位を付けて締め切りを守らなければなりません。制限時間オーバーの１００点より、時間厳守の90点をとることが必要です。

Rule 11

ビジネスの評価は「結果」9割と「個人的感情」1割

大学生までは、努力は評価されます。けれども、会社では、努力しても、原則として評価されません。

「努力しなかったけど成功しました」は問題なしですが、「努力したけど失敗しました」は問題ありです。

努力の有無ではなく、成功の有無です。ビジネスの世界では「よくがんばったね」は成功者に対して送る言葉であって、失敗者に対する慰めの言葉としては使いません。

仕事は「結果主義」が常識である

成功、不成功の結果がすべて。これを「**結果主義**」と言います。

Chapter 1では努力を成功に結びつける秘訣を、先天的能力、努力、運の3つに分けて解説しました。先天的能力があれば努力が少なくてすみますし、能力に劣るのであれば努力でカバーしなければなりません。「勝ち負けは時の運」ともいいますが、残念ながら不運に見舞われたら、再度挑戦して勝たなければなりません。

小学校や中学校といった義務教育においては、結果とともにプロセスが重視されます。どのような手順でどのような努力をしてどのように成功・不成功に対応したかというプロセスに重きがおかれ、そのプロセスが間違っていないことを確認します。このような考え方を「**過程主義**」と呼んでおきます。

義務教育が過程主義なのは、子どもの可能性を引き出すためです。

けれども、最近の公立の小学校では、以前あった5段階の成績評価がありません。小学生のうちから結果の重要性について認識させるべきで、あくまでも成績という結果があってのプロセスである点を知っておかないと、努力すれば報われる、たとえ失敗したとしても努力することが大切、というおかしな理屈にもなってしまいます。失敗した会社員が口にする「私も一所懸命努力しているんだ」というセリフ、こういう言葉は過度の過程主義偏重が生んだゆがんだ言葉です。

社会人になると、結果主義、「結果、オーライ」の世界です。なにしろ結果がすべてなのですから。

先天的能力だろうが、努力だろうが、運だろうが、使えるものはぜんぶ使って結果を出してください。

ただし、確率的に言えることですが、プロセスが正しければ、結果もついてきますので、過程主義にもとづいた成功のパターンは確立してもらいたいものです。

「客観的データ」と「＋α営業」が求められる

結果主義で重要な点は、客観的な成果を結果として残していくことです。自分の経歴にどれだけ客観的な成果を組み込めるのか、常に考えておいてください。

たとえば、あなたが、「中国語が得意です」と主張して中国赴任を希望したとしても、得意とか不得意というのは主観的な判断であって、会社の上司は必ずしも納得しません。それよりも「中国語検定ＨＳＫ ６級」といった客観的データがあるほうが会社は納得します。

あるいは「今年も営業をがんばりました」とただ主張しても、誰にも響きません。「上半期の受注困難な時期に、担当地域の売り上げを前年比１４０％増にしました」と誰もが瞬時に判断できる数値で示し、アピールする必要があります。

また、会社組織では、人事評価は直属の上司が行うのが一般的です。当然、客観的データが必要ですが、さらに、上司あるいはその上の上司の主観的評価が加味されます。客観的なデータとともに、いかに上司に気に入られるかも重要です。

そのために、**上司には仕事上で気に入られるのに加えて個人的にも気に入られることが必要**になってきます。

たとえば、上司がゴルフや麻雀やお酒が好きだったら、対応できるようにしておきましょう。企業ではランクが上になればなるほど、孤独なものです。複数でやるようなゴルフや麻雀は人数を集めるのが難しいため、その役割をあなたが担うことができれば、上司のおぼえもめでたくなるものです。

私の国連時代の上司が良い例です。たまたま日本人男性が上司でしたが、その方は国連の中で「総裁補」という上級ポストを射止めた日本人職員の中では出世頭の一人でした。仕事もできましたが、個性豊かな人でもありました。とくに料理が得意で、上司や同僚、仕事で関係のあった人たちを自宅に招いて、夕食を提供するわけです。人数は、だいたい6~8人といったところでしょうか。中華料理が得意で、手の込んだ中華のフルコースをふるまいます。家事をしないことで知られている日本人の男性が、前日から仕込みをして夕食を作り、時間になると玄関でお客様をエプロン姿で出迎え、仕事上と私生活のギャップをみごとに演出していました。そう、上司に気に入られ、かわいがられるためにはこのような「演出」も必要となってきます。

Rule

12 当然、一緒に働く人は選べない

会社で一緒に働く社員は、会社にとって有益な人材であるという前提で採用されました。あなたと友だちになれそうとか、恋人になれそうとか、そういう基準で採用されたわけではありません。性格がいびつだったり、のんびりしていたり、部下をいびるのを生きがいにしていたり、独り言をつぶやくのが好きだったりする人も正社員でいます。

そもそも学生時代と違って、20代から60代まで幅広い年代の集団が会社という組織で、年代が異なれば感覚も異なるでしょうし、同年代でも物ごとの考え方が違う人が大半だと思っていいでしょう。理系もいれば文系もいます。体育会系もいればオタク系もいます。歴女もいれば、「鉄オタ」もいますし、帰国子女もいます。

どう考えても友だちになれない、ときには口もききたくないような人とも毎日顔を合わせなければならない状況が生まれるのが会社というところです。そういう人は同僚にも上司にもお客様にもいます。**会社組織とは仲良しグループではありません。食**

料獲得をかけた生死にかかわる戦場であるという覚悟が必要です。

会社の同僚とのつきあいかた

したがって、気が合わない人と一緒に働くことは不可避で、その前提で対処する方法を考えなければなりません。

まず一緒に働く人に過度の期待を抱かないことが不可欠です。結婚生活と同じですね。期待は裏切られます。あくまでも利益を上げるために短期的にチームを組んでいる人なんだと割り切ることが重要です。永久に続くわけではありません。短期・中期的に一定の時間を共有するだけと割り切りましょう。

自分を押し殺して無理に相手に合わせたり、媚を売ったりする必要はありません。自分が悪いと考える必要もありません。気が合わないのは仕方がないことで、不可避なのです。会社の「できる人」たちはみな、その現実を受け入れて対処しています。

会社組織は軍隊と同じで、上意下達の「指令系統」を守らなければならないので、組織の下位にいる若手や新人は、上司からの命令に実直に従って行動し成果を出すことが求められています。ですから、人の良し悪しで動くのではなく、指令に対して動くという割り切りが必要です。

仕事の境界線を明確にして、分業体制をしっかり整えることも重要です。あいまいなところがあったら、上司と相談して明確にさせましょう。どこまでが自分の仕事でどこまでが他の人の仕事なのかを明確にしておき、自分の領域には入らせない、相手の領域には入り込まないという境界線を明確にしておくことが大切です。

仕事におけるいざこざは自分と他人の所有権が明確でない「公共財」において生じるものです。たとえば夫婦生活においてトイレの掃除を誰がするのかということを明確にしておかないと、相手がやるだろうと思い、結局誰もやらないことになったり、自分がいつも掃除をしていると、「自分ばっかり！」と不満に思うものです。ですから、トイレ掃除は自分がするもの、あるいは相手がするものとどちらかに決めておき、分業体制をしっかりして所有権を明確にしておけば、いざこざは減少するものです。仕事も同じ、分業体制の確立が大切です。

最後に、**友だちを大切にしましょう。**仕事では仕事そのものより、人間関係でストレスが溜まるものですから、腹蔵なく話せる友だちが貴重です。

友だちは選んで作ったもので、利害関係がない人たちですから、ときには友だちと飲んだり、食事をしたり、映画を観たり、仕事から離れる工夫をしたいものです。酒を飲みながら愚痴を言い合うことができれば、それはそれで貴重な時間です。

また、ストレスを発散させる方法も作っておきましょう。スポーツをする、週末には趣味に没頭するといったように、頭を仕事から切り替えることが重要です。

「すごい人」を模倣する

逆にいうと、会社には、ふだん知り合うことができない、とんでもなく素敵で刺激的な先輩や上司がいます。年齢や経験が自分より上で、友だちにはなれないし、知り合ったとしても相手にしてくれないような人です。それが、会社という組織のおかげで間近に観察することができることがあります。

たとえば、「人間の鑑」「自分では絶対に言えない素敵な言葉を使う」「オーラがにじみ出ている」「なんと心が広いんだ、聖人君子だな」「仕事に関する知識は日本一」「この人、寝てないんじゃないの?・?・」などというふうに思ってしまう人が、本当にいます。

社内において「すごい人」に出会ったら、模倣するチャンスです。自分を高めてくれる最高の機会が到来したということ。**自分自身の力で将来を切り開くのも良いですが、ときには素敵な人の真似をして自分を高めていくことも人生における成功の近道**です。生き方に特許はありませんから、盗み放題です!

ちなみに私の経験でいうと、国連に勤務した2年目、ウガンダからニューヨークに転勤になって総務部に配属になったのですが、総務部長にシエラレオネ出身のテジャン・カバという人がいました。恰幅が良く、背が高く、声も大きく、考えることが地球規模で、他方、自分がミスをしてもフォローアップをしてくれるし、ほめるときもほめるポイントを熟知していて、その人心掌握力は「すごい」と思ったものです。

このような人になりたいと思ったので、在任中はなるべく話し方や仕事ぶりを真似ようとしました。しかし、カバ部長は翌年には国連を退職してしまいました。どうしているものかと疑問に思っていましたが、ある日、ふとCNNを観ると、カバ元部長は自国に戻り大統領選挙に出馬して、みごと勝利し、シエラレオネの第3代大統領になっていました。[*1]「すごい人」とは思っていましたが、そこまですごい人だとはまったく思いませんでした。

*1 アーメッド・テジャン・カバ氏は1996年にシエラレオネ第3代大統領に選出されましたが、翌年の1997年5月、軍事クーデターにより失脚してギニアに亡命。1998年に復職して、2007年まで大統領を務めました。

Rule 13 責任が生じる

会社組織には階級が存在します。小さい会社なら、平社員、課長、部長、副社長、社長といった階級でしょうか。大きな会社になると、ランクが細分化されています。平社員から、主任→係長→課長→部長→常務→専務→副社長→社長（→会長）となります。もちろん、課長の前には課長補佐、部長の前後には副部長か部長代理、本部長といったランクを導入している会社もあります。

ちなみに、全国に20万人あまりいる警察の組織も階級社会です。最も階級の低い巡査から始まり、巡査部長、警部補（キャリア組はここから開始）、警部、警視、警視正、警視長、警視監となり、その上に警視総監がいます。

私が以前働いていた国際連合は、国際公務員というだけあって、ランクが著しく多い組織で、18のランクに分類されています。一番下のジェネラル・サービスという一般職に相当するランクがＧ１からＧ７までの７階級あり、その上のプロフェッショナルポストには、Ｐ１からＰ５、副部長にあたるＤ１、部長のＤ２、事務次長補

（Assistant Secretary-General）、事務次長（Under SG）、副事務総長（Deputy SG）、事務総長（SG）の11階級あります。

ランクによって仕事の質も異なりますし、責任も違います。**昇進すればするほど責任が重くなっていきます。**たとえば社長になると自己利益のみならず、会社全体のことを考えて行動しなければならなくなります。

ひとつのミスが会社を倒産させることもある

大学生は自己責任の世界。単位を落とすのも、優秀な成績を収めるのも、自分次第でした。単位を落としたら、授業料を負担する親が悲しみますが、社会全体に悪影響が出るというものではありませんから、責任が限定的です。

ところが会社員になると、責任が個人のみならず会社全体に及びます。Rule 23のコンプライアンスの項で述べますが、**一人の社員が会社を倒産に導くことも容易にできる時代**となってしまいました。

たとえば、ひとつの数字をコンピュータの画面に打ち間違っただけで、大きなミスにつながったこともあり、最も有名な事件は2005年の「ジェイコム大量誤発注事件」です。証券会社の社員が、東証マザーズ市場に新規上場したジェイコム株に対して、本来ならば「61万円1株」とすべきところを「1円61万株」と誤ってコンピュータに入力してしまいました。この誤発注により、この証券会社（および東証）はたったの16分で約270億円の損失を被ったと言われています。

そのほかにも人為的なミスによって問題が生じたものは、2007年に発覚した「消えた年金問題」、1986年に現在のウクライナで起きた「チェルノブイリ原発事故」など、いくらでもあります。ミスが大きいか小さいかの違いであって、私たちも小学校から大学まで試験におけるケアレスミスをずっと繰り返してきましたので、現実には会社においても、従業員全体では無数のミスを犯していると推察できます。

責任を果たすとは、何をもって言うのか

会社に雇われ、会社から給料をもらっている以上、自分のあらゆる行動は会社の行動としてとらえられてしまうことを覚悟しなければなりませんし、そのうえで自分に与えられた責任は果たすことが求められます。では、会社において分担された責任を全うするためにはどうしたら良いのでしょうか？

それほど難しい話ではありません。「言われたことをやる」というだけです。

でもその言われたことが難しかったり（質の問題）、たくさんあったり（量の問題）、

判断に迷ったり（意思決定の問題）するわけですけれどね。

ではひとつずつ解説していきます。

第一に「質の問題」は、その時点でのスキルと仕事の専門的知識の問題に抵触します。仕事に慣れることで解決するものが多いのですが、それと同時に自分の仕事の周辺知識を学ぶ必要があります（くわしくはChapter 4にて解説）。

入社3年未満の会社員に与えられる仕事は先輩の仕事に与えられる仕事に比べれば小さいものですが、**先輩ができてあなたができない可能性があるのは、経験値と知識に起因するもの**です。スキルの部分は時間が解決してくれますが、知識については情報収集したり書籍を読んだり学校やセミナーに通ったりして学ばなければなりません。専門知識を深めることができれば、それだけ自分に与えられた仕事の意味を理解するようになります。

第二に「量の問題」。これは優先順位の問題で、**原則として「先延ばし」にしないこと（後述する「ソーシャルトラップ」という心理的罠に陥らないこと）が大切**です。

職場では仕事に取りかかろうとしても、電話や来客などで作業を中断されることもしばしば。後回しにすると仕事が山積みになり、残業が増えたり、休日に出勤したり、せっかくのプライベートをキャンセルしたりすることで対応せざるをえなくなるので、優先順位の高いものから始めて終わりの目安をつけて仕事をしていくことが必要です。

第三に意思決定の問題については、自分は意思決定をする立場にないことを自覚しなければなりません。指令系統を超えた独断は越権行為です。忙しそうにしている上司に訊くのは憚られると思うときもありますが、**「ホウレンソウ」（報告、連絡、相談）の基本は忘れることなく、判断に迷うことがあれば必ず上司に確認を取る**のが無難です。

なお、給与明細を詳細に見ると、所得税、住民税、厚生年金などが引かれている現実を知ります。そうすると、自分が会社員としての責任のみならず、日本という国の中で背負っている義務と責任についても感じるのですが、これも大学生では考えられない感覚です。

Rule 14 会社は合理性を追求する

会社とは合理性を追求する場所です。合理性とは簡単な言葉でいうと、**行動においては効率性を追求するということであり、思考においては論理的であるということ**です。これは世の中の流れで、市場経済メカニズム（Rule 17で詳述）で機能しているところでは合理性が追求されるのは必然です。

会社における合理性には、利潤追求（行動）における合理性と、私たちの考え方（思考）における合理性の追求の2つの側面があります。

利潤追求するのが会社という組織

限られた予算で最大の利益を追求するとなると、どうしても効率性を求めざるをえません。効率性とはムダを省くということです。みなさんが給料の中から必要経費を抜いた上で月々のお小遣いをどのように管理しているのかを考えると、会社の合理性の追求の仕組みが見えてくるはずです。

効率性を追求しない方法としては「どんぶり勘定」というのがありますが、みなさんの毎月の支出の管理はどちらですか？　多くの人たちはどんぶり勘定でお小遣いを使い、家計簿をつけて支出を管理している人は少数派のはずです。給料日には気が大きくなり、財布のひもも緩みがちですが、翌月の給料日が近づく頃には、お小遣いは底をついてひもじい生活をすることもしばしばでしょう。

自分のお小遣いくらいは自由に使いたいもの。しかし、会社という組織は「どんぶり勘定」するわけにはいきません。他社との競争に勝つためには、品質と価格において秀でなければなりませんので、**無駄を省いて、投資すべきところに投資して、品質を向上させて、価格を下げる努力をしなければならない**のです。

そのためには、紙1枚、ボールペン1本まで管理をしていかなければなりません。とくに大企業のように何万人も従業員がいるような会社では、一人ひとりでは数円単位のムダも積もり積もって全員となると、数万円、ときには数百万円のコストカットにつながっていきます。

では、会社には一切の無駄がないほうが良いかというと、そういうわけではありません。会社にもオスのクジャクの羽が必要です。ご存じかもしれませんが、オスのクジャクの羽は大きく広げると水玉模様が美しいです。本来ならば、大きい羽は無用の長物です。捕食者に襲われたら、重く大きい羽のために逃げ遅れる可能性が高いでしょう。ましてやシンメトリーな水玉模様である必要もありません。

しかし、メスにとっては、無駄があっても生きていけるほどたくましいオスなんだというメッセージになり、美しい羽に惹きつけられてしまいます。これは「ハンディキャップ理論」といいますが、生きるのにハンディになっているものを異性獲得のために進化させる場合もあるのです。

合理性だけを追求し、お金儲けだけに専心するという企業イメージよりも、たとえば発展途上国において病院を建てている、といったような社会貢献をしてブランドを上げている企業のほうが一般消費者に好感が持たれて、間接的ではありますが収益向上につながるわけです。一種のハンディキャップであり、本来の利潤追求を行ってはいるが、それに加えて社会貢献をしている姿をアピールすることによる企業の度量の大きさで、企業イメージをつくっているのです。

「思考における合理性」をも求められる

会社にとっては、従業員の勤務時間も重要な資産です。無駄を極力省きたいものです。その意味で**各人の時間を効率的に運用するために、思考、話し方、プレゼン、報告において合理性を追求する**ことになります。

とくに**コミュニケーションにおいては「結論ファースト」**が求められます。

社会人では先輩やお客様の貴重な時間を無駄にしないよう、まず要点から伝える能力が求められます。理由はその後に付け加えます。「結論から言うと○○になります。理由は2つで、ひとつ目は○○、2つ目は○○になります」といった感じです。

必要な情報をわかりやすく伝えることが社会人の基本で、相手にとって有益な情報を意識して組み立てる点は、学生とビジネスパーソンとでは大きく違うものです。

新聞のレイアウトが合理的なプレゼンの典型です。新聞では、まず短い言葉で要約したカット見出しや主見出しでは、大きな活字を使って読者を引きつけようとします。その後に前文（リード）と呼ばれる要約記事で見出しの内容を補足し、その後に記事の全体像がわかる内容に構成されています。

会社における上手なコミュニケーションとして、**5W1Hの明確化は不可欠**です。

5W1Hとは「Who（誰）、What（何）、When（いつ）、Where（どこ）、Why（なぜ）、How（どのように）」の6つですが、すべてを必ず入れるというのではなく、相手の立場に立ってどの情報が必要なのか、どの情報を省いて良いのかを考えながら5W1Hを明確にしていくことが肝要です。

この5W1Hの中で最も重要なのは何だか知っていますか？

答えは「Ｗｈｙ」です。

「なぜ？」、「どうして？」を突き詰めて考えることが重要ですし、優秀な上司は何度も「どうして？」と突っ込んで質問してきます。**上司に報告するときは「Ｗｈｙ？」を突き詰めて考えておくと良いでしょう。**

なお、相手のことを考えてなるべく邪魔をしたくない、したがってコミュニケーションは最小限にということではありません。前述の「ホウレンソウ」を忘れないことです。**上司にとって最も嫌なのは「それは初耳だ」「俺は聞いていないぞ」ということです。**ベン図でいえば、平社員の情報の円は上司の情報の円の中に存在しなければなりません。

Rule 15 学歴が使えるのは就職活動まで

大学を卒業した後で、学歴はどこまで影響するのでしょうか？　一流大学出身者は「一生続いてほしい」と願うでしょうし、必ずしも一流とは言えない大学を卒業した人は「もういい加減にしてくれ」と言いたいことでしょう。

結論からいえば、確かに「学歴社会」という面は存在しますが、学歴が大きく影響を及ぼすのは就職活動まで。その後は、学歴による能力評価は減少していくということが言えます。

実体験としてご存じでしょうが、就職活動において学歴の影響があったはずです。たとえば、雑誌『プレジデント』（２０１４年1月20日号）のアンケート調査結果によると、就職活動においては「かなり影響する」が59・7％になっています。「多少影響する」の35・0％を合計すると94・7％になってしまいます。

就職活動までは確かに学歴というものが能力を図る客観的評価の手段として使われている事実があります。高校卒業までの学力と大学入試の偏差値に高い相関があるためです。もし就職活動に影響がないのだとしたら、「何のために大学に行くんだ」ということになってしまいますものね。

大学で求められる能力は基本的なもの

大学入試で求められた能力は、どの科目でも理解力、暗記力、忍耐力で、国語や古文や英語では語学力や忍耐力が求められ、数学や理科では分析力、合理的思考力といったところでしょうか。小学校から高校まではこのような能力を身につけるように訓練しました。

本来なら、大学入学後どのくらい勉強したかで、学歴は一度リセットされるべきなのですが、残念ながら、わが国の大学教育では、しっかり教育を施して4年後には別人のようにして社会に送り出すというほど立派な教育をやっているところはありませんので、採用する企業としても、大学入試で試された能力をそのままスライドさせて出身大学で採用するという慣行になっています。

大学4年間では、大学入学当初の教養科目から徐々に専門科目が増えていき、専門性が深まるにつれて、専門知識を習得する理解力や記憶力ばかりでなく、応用力、プレゼン力、文章力、創造力が問われることになります。ところが、現実には、要領よく立ちまわれば、これらが必要でない場合もしばしばで、たとえば「仏」と呼ばれる教授の授業を取る、出席をまったくとらない科目を一夜漬けで乗り切る、毎年同じ試験問題を出す楽勝科目を取ることなどによって卒業することも可能となっています。

したがって、これらの能力を充分に訓練することなく、場合によっては、楽勝科目を見つけ出す発見力、クラスメートからノートを借りる交渉力、試験の過去問を入手する情報収集力、担当の教授に名前を覚えてもらう要領の良さ、授業中に発言する積極性といったような「ピープルスキル」に秀でることで卒業が可能となるのです。これらの能力は社会人でも必要なのですけれどね。

仕事で求められる能力は多様化されている

しかし、卒業後の仕事の場ではまさしく真剣勝負。大学入試のような暗記力や大学時代のような要領の良さだけで対応できるものでもありません。もっと「本質的な能力」が必要になってきます。求められる能力が多様化するといったほうが適切かもしれません。

たとえば、自社製品を売る営業といっても、顧客対人型から、電話応対、ネット応対、「B to B」の会社回りなどがあって、対話力、プレゼン力、交渉力（説得力）、忍耐力、持続力、演出力がといったスキルが必要となります。場合によっては、人間的な魅力、ユーモア、調整力、情熱、清潔感、五感的魅力のうち、とくに「見かけの良さ」といったものまで必要となります。

何が言いたいのかというと、**確かに学歴は日本社会においてひとつの物差しの機能を果たしてきましたが、みなさんのこれからの人生では学歴の影響は減少していく**ということです。

大学入試で求められたスキルは最低限必要なものであり、卒業後に求められるスキルは職種によって多種多様になるのです。したがって、自分が秀でた能力を活かす職業に就くことができれば、学歴を乗り越えて力を発揮して、会社から高い評価を受けることが可能ということになります。

ですから、一流大学を出ていようといまいと、学歴が影響すると考えて得することはひとつもありません。一流大学出身者が、訊かれてもいないのに大学名を言えば「嫌なやつ」になってそれだけで評価が下がってしまいますし、仕事ができないと「○○大学のくせに大したことないな」と言われてしまいます。

他方、一流とは言えない大学の出身者も、大学時代と比べると大学名を言う機会は激減しますし、仕事さえできれば、東大閥の官庁やガチガチの政府系機関に勤めていない限り、どこの大学の出身であろうと問題ありません。

Rule 16 ビジネスパーソンとしての「異性獲得」のルールを心得よ

私たちは有性生殖を行う生物です。有性生殖である以上、オスとメスがいて、両者を引き合わせて子どもを産ませるメカニズムが存在しなければなりません。ランダムに合体して子どもを産んだらたいへんなことになるでしょう。人間の場合には「恋愛」と呼んでいるものが男女を引き合わせるメカニズムです。他の動物の場合には「発情」と呼んだりしています。基本的には恋愛も発情も同じものです。

このように恋愛は人間の根源的欲求であり、みなさんは本質的目的として交際相手を見つけなければなりません。恋人がいる人のほうが、恋人がいない人より人生の充実感が大きいのは自明でしょう。

恋愛がかかわる市場（男女が自分を売ったり、相手を買ったりする場所）には、中期的な相互保有関係を行う「**恋愛市場**」と、法律的な拘束を伴う婚姻関係を結ぶための「**結婚市場**」があります。*2

*2 短期的保有関係の「浮気市場」というものを含めると3つになります。

大学生までの恋愛は、必ずしも結婚につながらない恋愛でしたので「恋愛市場」における売買でした。なにしろ、大学生の大多数は働いて自分で食料を獲得しておらず、財政的に親の世話になっていたので、たとえてみれば鳥のひよこの恋愛ということです。

男性が社会人となり財政的に独立すると、女性からは「結婚市場で売られている商品」というふうに見られます。男性が「恋愛をしたい、でも結婚はしたくない」と思ったとしても、女性は「この人とは恋愛後に結婚しても良いかも」というふうに結婚を見据えているものです。

男は「恋愛≠結婚」、女は「恋愛＝結婚」

等号、否定等号で表すと、**女性の場合には恋愛＝結婚**で、相思相愛前後にすでに結婚を考えています。将来性のない男性は恋愛の対象として選ばれません。

他方、**男性の場合には、20代ではほぼ全員、恋愛≠結婚**です。恋愛がしたいのであって結婚したいのではありません。とりあえず恋愛してみて、その後、結婚するに足る女性だったら結婚でもしてみるかってことになりますが、「結婚相手にふさわしいようだが、恋愛して確かめてみるか」では決してありません。[*3]

男性にとっての恋愛は、目的を持っています。最初は「話せるだけで幸せ」と謙虚なことを言ったとしても、ひとたび会話という目的が達成されると、すぐに手をつなぎたいという欲求が出てきます。首尾よく手をつなぐことができれば、その次にはキスをしたいという欲求が生まれ、それが満たされると、セックスをしたいという欲求になりますので、男性にとっての恋愛には、最終的には好きな相手とのセックス（生殖機会）を獲得したいという目的が存在します。

通常、「恋愛市場」においては、女性が持つ最大の資産はセックスをさせることなので、男女の恋愛のプロセスとは、女性がいつキスを許し、いつセックスを提供するのかという意思決定の話になります。

＊3

男女の生殖機能の違いによるものです。男性の場合には1日に何億という単位で生産される精子を体外に出したいという欲求が真っ先にくるのに対して、女性の場合には平均して28日に一度、卵子が出ます。またセックスをするということは、妊娠し自分の身体を使って出産しなければならないので、女性にとっては恋愛≠結婚とは考えにくいのです。

「恋愛市場」と「結婚市場」において求められる資質の違いを知る

恋愛のプロセスとは、五感で相手を篩《ふるい》にかけることです。目で見て相手の見かけをチェックし（視覚）、視覚的要素に合格すると話しかけて性格的な相性や価値観の一致を確認しあい（聴覚）、合格すると距離を縮めて会話するようになって無意識のうちに相手の体臭を嗅ぐことができる距離となり（嗅覚）、相手の体臭をいいにおいと感知すると、もう恋愛の一歩手前、デートして手をつないでバクテリアの交換をし（触覚）、それがうまくいくと、キス（味覚）によってお互いの恋愛を確認し、最終段階のセックスに向かっていきます。

これが恋愛の基本的な過程です。目や耳や鼻や手や口を使って、相手が自分にふさわしい異性であるかをチェックするのが恋愛というものです。

男性が女性を見る場合には、五感の中でも見かけが重要と言いますが、見かけは五感の中でも最初の一歩に過ぎず、聴覚から味覚までのすべてを総合的に判断します。ただし、五感はあくまでも恋愛のプロセスであって、結婚のプロセスではありません。恋人と結婚したくなるかどうかは、女性が結婚にふさわしい相手であるかどうかの審査次第ということです。

とくに男性が結婚する女性に求める資質としては、

❶長期的に一緒に住めるほど性格的な相性が良いか（性格的相性）
❷日々おいしく栄養のバランスの良い食事を提供してくれるか（料理上手）
❸自分の子どもを産んでくれるか（浮気性でないこと）
❹子ども好きで子育ての資質があるか（子育て能力）
❺自分の身の回りの世話をしてくれるのか（家事能力）

などが挙げられます。他方、女性が男性を見る場合には、安定的に経済的資源を自分に提供してくれるかどうかも審査します。要するに

❻安定した職業に就いて、一定の経済力があって、その経済力を自分に提供してくれるかどうか（経済力）

が重要となります。

子どもを産むのは女性です。女性が妊娠し、子どもを産み、母乳で子育てをする身体的メカニズムになっています。その間の数年間は自分で働いて経済的資源を稼ぐわけにはいかないので、夫の資源を当てにしなければならない仕組みになっています。ですから、安定的に稼いでくれて、稼いだお金を母子にしっかり提供してくれる男性を求めるのです。定職があって年収が良くて誠実な男性が、結婚市場では超優良物件ということになります。恋愛市場や結婚市場で求められるものは何かを知り、自分の市場価値を高めて、モテ男、モテ女になってもらいたいものです。

Summary
まとめ

大学4年生が入社前にやっておくべきこと

このまとめは、すでに仕事をしているビジネスパーソンにではなく、内定を獲得した大学4年生に向けてお伝えしたいと思います。何はさておき、内定が出たら、万々歳。入社する前の数ヵ月は、思いっきり遊んでおきたいもの。基本、悔いのないように遊ぶのが正しい姿です。でも、遊ぶだけでは物足りないですし、遊ぶことだけに時間を過ごそうと思っても、なかなか徹しきれません。遊ぶにはお金もいりますしね。遊びを充実させる意味でも、せっかく学びの場にいるわけですから、しっかり本分の勉強もしてほしいものです。

大学生の特権は、時間が圧倒的にあることですから、この点を有効活用してください。Chapter 2でお伝えしたことを踏まえて、とくに次の10点を強調しておきます。どれも重要なので、しっかり実行してください。

1. 入社する会社が自分にふさわしいか再確認する

現在は、内定先も決まり、頭が冷えて、将来について冷静に考えられる時期です。そうであるからこそ、自分の内定先にこのまま就職して本当に良いのかを再確認する必要があります。なにしろ、最低でも1年、長ければ定年まで勤める会社です。人生80年あまりとして40年間勤務すると考えると、人生の半分の期間になります。みなさんの人生が規定される瞬間にいるのです。

2. 大学を卒業する

もし内定先が満足いくものだったら、さっさと大学を卒業しましょう。内定をもらっても、実際にその企業に就職できるかは別問題で、とにかく大学を卒業しなければなりません。

そのために、再度、卒業するために単位が充分であるか確認してみてください。まじめに単位を取得してきた学生なら、最終学年では、残りの卒業必要単位数は1桁になっているはずです。残りの単位数が多いと卒業が難しくなってきますが、とくに問題なのは、最終学年でも「フル単」でいかなければ卒業できない学生です。

最終学年で単位を落として卒業できなくなる学生が毎年必ずいるものです。10 0人いたら必ず1人か2人は卒業ができずに、内定も取り消しになるケースがあります。

ほとんどの大学では、学部から渡されるグレード記入欄の備考に卒業の最終学期である旨が記載されています。「不可」（「F」）になる場合には再試験のチャンスを与えるかどうかを決めることになっています。なるべく悲劇が起こらないシステムは存在しますが、再試験で不合格になるのは残念ですし、出席が足りないような場合は再試験も受けさせてもらえませんので、気をつける必要があります。

3．将来に備えてGPAを上げる

成績平均評定であるGPAを確認しましょう。GPAとは「Grade Point Average」の略で、Aを4点、Bを3点、Cを2点（Fがある大学ではFを0点）で計算して単位をかけ算し、全体の単位数で割ると算出することができます。

おそらく就職活動のときはGPAの良し悪しは問われなかったはずですが、将来、大学院に進もうとする場合には、たいへん重要になってくるものです。

将来の選択肢を広げておくという意味で、GPAをなるべく上げておくことが肝要です。会社員を経てから大学院に進学することも視野に入れておいてください。大学院に進学するためにはGPAの最低ラインとして3・3はほしい。可能であれば、3・5をとっておきたいところです。GPA＝3・5とは、成績証明書の中に

AとBが半分ずつあるということです。

4. 卒論は夏休み中に仕上げる

卒論が必修の場合には、夏休み中に終了させておきましょう。卒業間近の1〜2月で書き上げようとする学生がいますが、余裕がある夏休み中に仕上げるのが賢明です。

なにしろ、秋からは卒業を前提としたイベントが目白押しです。卒業旅行、忘年会、新年会、卒業式、お別れパーティー、内定者懇談会、内定者研修等々あり、授業にもしっかり出席しなければならないことを考えると、卒論は授業がない夏休み中にということになります。

卒論で気をつけるべきは「剽窃《ひょうせつ》」です。インターネットや書籍から文章を盗用することは固く禁じられています。もし剽窃が発覚した場合には、卒業を取り消される可能性がありますので、どうしても書籍から引用したい場合には、その旨脚注と参考文献で明確にしておくことが不可欠です。

5. コンピュータ・リテラシーの底上げをする

ビジネスの世界では、エクセルとパワーポイントは不可欠です。もちろんワードも必要ですが、こちらは大学生であれば誰でもマスターしているでしょうから、改めて強調する必要はないですね。エクセルとパワーポイントは、わかりやすいグラフやプレゼン資料を作れるよう学んでおくことです。客観的にどの程度上達したか知りたいときは、検定が用意されているので受検してみるのが良いでしょう。できれば1級まで取得したいものです。そのほかにも動画の取り込みや、初級レベルでも良いのでプログラミングの知識を得ておくと良いかもしれません。

6. 簿記に精通する

会社組織には大きな2つの流れがあります。ひとつは人の流れ、もうひとつはお金の流れです。人の流れは人事担当者が把握していますから、ふつうの従業員はアクセスできません。

もうひとつの**会社におけるお金の流れを把握することは、みなさんの将来の昇進を決定する**といっても良いくらい重要です。

数学的知識が著しく劣化してきているために、簿記を難しく感じる人が増えていますが、会社で昇進したいと願うのだったら、簿記の知識は不可欠です。貸借対照表を理解できないでは、会社の健全経営は不可能です。時間的に余裕のある大学時代に、日商の簿記2級程度は合格したいものです。

7. 英語力を向上させるのは必須

グローバル化を前提にすれば、英語力を習得することは必須です。**簿記と英語力は会社で成功していく上で両輪となるものです。**

入社後、アメリカやヨーロッパ、アジアなどの国々の人たちとテレビ会議をする機会が増えて、専門用語の飛び交う会議の理解に苦労する、という社員が多くなりました。英語が世界共通語になった時代です（最近ではフランス人でさえも英語を話します！）。企業が国際的であればあるほど、英語力は昇進の必須技能でもあります。ぜひ時間がたっぷりある大学時代に学んでおきましょう。

英語力を測る試験の主なものは、TOEIC、TOEFL の2つです。TOEIC なら900点以上、TOEFL では100点を取得すべきです。

ちなみに森川ゼミではゼミ受け入れの条件として、TOEIC 950点、TOEFL 100点のどちらかを課しているので、ゼミ生の TOEIC の平均点は毎年975点前後で、TOEFL は105点前後となっています。それでも、学生は海外在住経験が長い人を除いて、英語が不自由なく話せるというわけではなく、文法的には間違いだらけです。逆にいうと努力次第で点数が上がっていきますので、自分の努力目標として TOEFL や TOEIC を使うのが良いでしょう。

8. 人脈の幅を広げてくれる趣味をつくる

趣味は社会人の必須アイテムです。理想的な趣味は、

❶絶好のストレス解消になるもの
❷ライフワークバランスにシナジー効果が見込めるもの
❸人脈が広がるもの
❹趣味を通じて異性獲得の可能性が高まるもの

この4つの基準を満たすものです。

趣味を持つことの最大の利点は、ストレスの解消になることです。社会人はストレスとの戦いです。どこかで発散する必要があります。睡眠によってストレスを軽減することはできますが、それだけでは足りません。没頭できる趣味をつくり、誰も入れない自分だけの世界をつくることが必要です。

また、ライフワークバランスに寄与する点かどうかも重要です。趣味が仕事に何らかの寄与をするものであれば、両者の相乗効果を期待できます。できれば大人数を必要としないスポーツが最良です。ゴルフ、テニス、スカッシュ、スイミング、マラソン、フットサルが最適です。ジムで身体を鍛えるだけでも良いです。野球、

サッカー、ラグビー、アメフトといった大人数のスポーツは人数を集めることに苦労しますが、人数の問題を解決できればむしろ人脈の広がりという点で理想的ではあります。

インドア派では、カメラに凝っている人、ワイン好きな人、ジャズにはまっている人、碁や将棋が好きな人がいますが、それらを通じて趣味を共有できれば、仕事と自宅の往復で人脈が極端にせまくなる社会人にとっては有効でしょう。

なお、マンガやゲームはサラリーマンの趣味としては勧められないものです。ストレスの解消になれば否定はしませんが、せっかくですから他者を巻き込むものであるのが最善です。

趣味を持つからには、下手の横好きよりも、ぜひセミプロ級になりたいものです。趣味が特技になって、他人に話したときに尊敬されるくらいになったら素敵です。その特技があなたのアイデンティティーになりますから。

9. 無理をしてでも、なるべく遠くに旅行しておく

国内旅行では3日もあれば素敵な旅行となるでしょう。このような短期旅行は、社会人になってからでも、金曜日~日曜日といった週末を使うことで可能です。し

かし社会人になると1週間を超える旅行は難しくなります。大学時代にはせっかく1ヵ月以上の長期休暇があるのですから、なるべく遠くに旅行したいものです。

場合によっては英語圏に短期留学して英語力を習得すれば、一石二鳥になります。あるいは発展途上国でのボランティアやインターンも新しい経験になり、視野が広がるかもしれません。長期の滞在では現地の人の風俗習慣を垣間見ることができますので、見聞を広げるという意味で役立ちます。

海外経験は必ず人生の糧になりますし、価値観が変わる人も多くいます。中には海外に出て初めて日本の良さに気づく人もいます。また仕事において、お客様や上司との共通の話題になったりもします。長期の海外旅行をするお金がないって？親から借金してでも行くべきです。

10.「大学生としての恋愛」で、来る本番に向けて練習する

社会人になると「結婚を前提とした恋愛」となります。しかし、社会人になっ
すぐに最高の相手が見つかるというわけにはいきません。

考えてもみてください。スポーツにしてもゲームにしても初めての試
きるなんてことは不可能でしょう。1回目の恋愛でいきなりホーム
す。練習を重ねてこそ勝利できるのです。

恋愛や結婚も同様で、最高の相手と相思相愛になり結婚に結びつけるためには、大学時代に恋愛の練習が必要です。恋愛を経験すれば、男女の脳の違いがわかります。自分にとっての理想的な相手がわかります。自分の魅力を演出する方法も見つけ出すことができます。どうせ結婚しないのだからと割り切れば、多少妥協して恋愛ができると思いませんか。しないよりしたほうが良いです。

恋愛を一度もしないで大学を卒業する人が3人に1人いる時代です。デートする時間もたっぷりあって、割り勘で良いという大学時代の恋愛を、ぜひ経験してください。とくに高学歴の女性は、卒業後に同年代の同等の教育を受けた人と出会うのが難しいのが現状です。恋人を探すなら同じ大学の中から候補者を選んで仲良くしておくべきです。

Chapter 3

エリートは、日本のマクロ状況を知り、ミクロな自分に役立てる

日本人は1億2700万人いて、私たち一人ひとりはその構成員です。世界の人口は73億人ですから、世界の1.76％が日本民族ということになります。世界第10位の人口ですが、日本の人口が減少している現実から見て、世界における存在感は年々薄れていくでしょう。そもそも極東アジアに位置する島国であるので世界の動きから隔絶されてきた経緯がありますが、人口減とともに今後ますますその傾向は強まることでしょう。

私たちはちっぽけな存在ですが、時代を先取りして、日本の大きな潮流を理解できれば、時代の流れに乗って、自分の人生を成功に導くことができるかもしれません。時流に逆らえば、逆らった分だけ余計に努力が必要となります。大きな時代の流れに乗るか、逆らって乗らないのかは、みなさんの意思決定次第です。

ただ、時流というものがあるということを知っておくことは、最適の選択をするうえで役に立つはずです。

では、その潮流とは何か？ Chapter 3では7つのテーマを取り上げました。マクロの動きを巨視的に知ると、ミクロのみなさんがどの方向に向かうべきなのかが見えてきます。

Rule **17**

すべては「市場経済メカニズム」で機能している

わが国のマクロの動きを知る上で、最初に知っておくべき専門用語は「**市場経済メカニズム**」という言葉です。Chapter 2でも触れましたが、私たちの日々の経済活動のみならず、会社内外の人間関係も「市場経済メカニズム」が円滑に機能することで成り立っています。

就職活動も、会社間の生存競争も、会社内の昇進競争も、私たちの友だち関係も、恋愛や結婚も、すべて市場経済メカニズムに基づいた自由競争が原則です。

アダム・スミスは『国富論』の中で「あらゆる男は（女も）交換によって生きるのであり、誰もがある意味で商人となる」と述べていますが、まさにこれ名言。

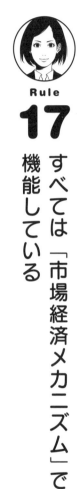

この「市場経済メカニズム」が何を意味しているのかを知っておくことが、世の中の動きを理解するための最も基本にして重要な点となります。

「市場経済メカニズム」を理解するために、ラーメン店を例に考えてみましょう。全国にラーメン店は3万5000軒あまりありますが、早稲田大学近隣の高田馬場界隈もラーメンの激戦区のひとつで、何十、何百というラーメン店が存在します。ラーメン店はラーメンを商品として売ります。その中で、立地が良くて、おいしくてそれなりの値段の店だと、毎日長い行列ができています。そのかわり、立地が悪いか、まずいか、値段が高いか、あるいはサービスが悪いと、閑古鳥が鳴く場合もあります。

良い商品を売れば、消費者はお金を出して買ってくれます。良くない商品だと市場から駆逐されてしまいます。利益を出してお金持ちになることも、損失を出して倒産することも、すべてラーメン店のオーナーの腕次第ということです。自由競争ですから、熾烈な戦いに勝ち抜く必要があります。

この市場経済メカニズムは、すべての商品に当てはまります。みなさんの会社の商品のみならず、人間関係も同じです。

私たち自身がひとつの商品であると考えると、**人間関係においてもこの市場経済メカニズムが機能しているのです。**

では、どのように機能しているのか、ひとつずつ解説していきます。

1. 会社員

会社員は商品です。会社で働くということはみなさん一人ひとりが商品であり会社に自分を売っている、というふうに解釈できます。本来は、会社員の給料は市場経済メカニズムの結果として成り立っています。みなさんの商品価値はさまざまですが、適切な訓練を施せば、将来的にきっと良質な商品になってくれるだろうと期待して採用に至ったわけですし、それぞれが社内の他の商品（同期社員など）より優れるように切磋琢磨していると考えることができます。少しでも他者を上回れるように数少ない昇進ポスト獲得に向けてサバイバル競争が行われているというふうに解釈できます。

2. 恋人・配偶者

恋愛や結婚という場面でも市場経済メカニズムが機能しています。私たちはひとつの商品で、その商品を「恋愛市場」という市場で売ったり買ったりするのが恋愛で、「結婚市場」で売買するのが結婚です。ラーメンなどと異なるのは直接的な金銭の授受が行われないという点で、そのかわり私たち自身はお互いを物々交換しています。

ただし、誰も自分の正確な商品価値はわかりませんし、人によって商品価値の算定は異なるかもしれませんし、短期間で価値が変動したりしてしまうかもしれません。そこが恋愛や結婚の難しいところなのですが、原則としては、誰も自分を安売りしようとせず、できれば高いものを買おうとするので、自ずと商品価値が高い人は高い異性と、低い人にはそれなりの相手と相思相愛になるというふうになっていきます。これを「**恋愛均衡説**」といいますが、だいたい男女の商品価値はバランスしていきます。

したがって、充分に機能している市場経済メカニズムの中では、**自分の商品価値を高めていくことが、自分の好きな相手と相思相愛になるための原則**なのですが、その目的を達成するためには、Chapter 1でお話ししたように、自分の魅力を引き上げる努力、先天的な魅力、および運が必要となります。その努力の中身としては、お金と時間と労力をどの程度、自分磨きに使えるかということになります。

3. 友だち

友だち関係にも市場経済メカニズムが機能しています。みなさんには「友だち」と呼べる人がいるはずです。友だちもひとつの商品として考えられますから、友だちとの間で同じような価値が交換されている状態を友だち関係と解釈できます。

友だちもギブアンドテイクする関係です。会社員が会社への労働の対価として給料を受け取る仕組みと同じです。ただし、友だち関係には、会社のように一所懸命働いた結果として給料が上がったり、課長に昇進したりという仕組みがないので、一方がたくさん親切にしてあげて他方がもらいっぱなしだと、ギブアンドテイクがアンバランスになりますので、与えすぎた側は一緒にいてもメリットがないと思い、自然と離れていくことになります。ですから、友だち関係は、脆弱で短命です。

自分の商品価値を磨こう

仕事、恋愛・結婚、友だちという3つの分野で市場経済メカニズムが機能していることをふまえると、良い仕事をしたい、素敵な恋愛や結婚をしたい、一生つきあえる親友がほしいと思ったら、**相手が必要とするものをどれだけ自分が与えることができるか、また自分が相手に求めるものをどれだけ受け取れるのかにかかっている**ことがわかります。「与える」ことのできる資質を高めてもらいたいものです。[*1]

＊1 では、どんな資質の男女がモテるのか？ということになりますが、1冊の本になるくらいに語るべきことがたくさんあります。ここでは拙著を2冊紹介します。男性には『結婚は4人目以降で決めよ』（新潮文庫）、女性には『一目惚れの科学』（ディスカヴァー携書）です。

Rule 18 プロフェッショナルにならなければ生き残ることはできない

わが国特有の雇用形態として、「年功序列」や「終身雇用」という制度があります。「年功序列」とは、給料が年齢や経験値によって決定されるというシステムです。他方、新入社員から定年まで雇用が保証されるのが「終身雇用」制度です。

この両者の雇用形態は終焉を迎えました。欧米型の能力主義に移行する過渡期が現在の日本です。総合職として企業に入ったということだけでは、将来の年収の保証にも、雇用の保証にもならないということです。

「年功序列」と「終身雇用」のメリット、デメリット

よくよく考えてみれば、「年功序列」と「終身雇用」、ひどいシステムです。どちらも比較的新しいシステム、戦後生まれの雇用制度で、この両者の組み合わせは、旧ソ連やキューバや北朝鮮の共産主義制度に類似しています。

「年功序列」のメリットは、会社側としては、判断基準が年齢だけなので明確であり客観性があること、働く側からすると、年齢とともに年収の予想ができるわけで人生設計がしやすいという点です。

「終身雇用」のメリットは、会社側としては、優秀な人材を長期にわたり雇用することができること、働く側としては、解雇されることがなく、長期的に安心して人生を送れるということになります。

両者のデメリットは明らか。働くインセンティブがなくなってしまうということです。**年齢で給料が上昇し、それが定年まで保証されていたら、人より余計に働くことはしなくなるのは当然**です。

たとえば、みなさんがひしひしと感じた大学の授業のつまらなさ……。大学というところは、公務員とともに、この年功序列と終身雇用を後生大事に守り続けている組織のひとつです。大学教員は助教、准教授、教授と一定の昇進の基準を設けていて、それなりに年収が異なりますが、いったん教授にまで昇進したら、定年（国立大学の場合には60歳、私立大学の場合には65歳～70歳）まで身分が保証されます。どんなに多くの論文を発表しようが、何百人という受講生がいる授業を担当しようが、給料の増減とは一切関係なく、論文をまったく発表しない、授業の受講者が1ケタの教員と年収の差はありません。このような制度のもとでは、教員はサボろうと思えばいくらでもサボることが可能で、その結果、堕落した教員のツケは回り回って学生に払ってもらうシステムというふうに見ることができます。

「年功序列」に対比されるのが「能力給」という報酬制度です。能力に応じて給料が支払われるというもので、社員のやる気を醸成することができる点、市場経済メカニズムからすると当然のなりゆきとなるのですが、能力を判断する人事側に問題があり、必ずしも正当に判断できていない状況があるものですから、比較して少ない給料しかもらえていない社員は不公平と感じるようです。*2

ただし、時代の流れとしては、このような「能力給」、あるいは欧米で採用されている「職務給」（職務ごとに給与が予め決定されており、働く側は職務を求めて転職を繰り返す）になっていくのは不可避のトレンドです。後述しますが、日本を飲み込みつつあるグローバル化、世界的な自由貿易化、それに伴う外資系企業との生き残りをかけた熾烈な競争といった点に鑑みた場合、わが国は欧米型の雇用形態である「能力給」「職務給」、さらには「年俸制」に向かいつつあるのは明らかです。

*2　たとえば、年間5本の論文を出版する教員と年間1000人以上の受講者を教える教員とではどちらのほうに給料をより多く与えるべきか？といったように、難しい判断が生じます。

総務省の統計（「雇用管理調査」）によれば、企業の50〜60％が実力主義を重視しており、「年功序列」を重視すると答えたのは3％未満です。とくに80年代後半のバブルがはじけた90年代から、両者の衰退が激しいです。

雇用形態の変化がもたらすもの

このように考えると、みなさんの将来が見えてきます。みなさんは、

❶企業は、一生、安住して働く場所ではないと自覚する
❷ひとつの能力に秀でたプロフェッショナルになる方向で自分を鍛えていかなければならない
❸能力の上昇に応じて、納得がいく場所（やりがい、地位、給料など）に移っていくのが自然

ということになります。

企業の中で部署を転々とするジェネラリストになるより、ひとつの部署で求められる能力を深めていくプロフェッショナルになる時代が到来したということです。みな

さんが考えていかなければならないのは「何のプロフェッショナルになるのか？」ということになります。

どんなにニッチで小さくても、これだけは誰にも負けないもの、日本一というものが求められている時代になったのです。

この点はたいへん重要なので、Chapter 4 の Rule 24 で具体的な例を用いて解説します。

Rule
19 グローバル化に対応できる力をつける

雇用形態の変化とともに、**「グローバル化」も不可避なトレンド**です。「グローバル化」とは、文化的、社会的、経済的活動が国境を越えて自由に行き来する現象を指していますが、今後はさらに加速することが予想できます。

たとえば、現在では自由貿易という形で関税障壁がなくなり、モノやサービスが自由に行き来することができつつありますが、欧州連合（ＥＵ）やラテンアメリカ諸国の間で見られるように、モノやサービスに加えて、人も国境を超えて自由に行き来できる時代になりつつあります。

グローバル化とは、生産される商品が日本国内で消費されるばかりでなく、今後はさらに世界規模で消費されることになることも意味します。そのために商品は世界市場に向けて積極的に売っていかなければならないということになります。トヨタ、ホンダなどの自動車や、日立、パナソニックといった企業が生産する電気製品は、世界規模で売れています。今後はさらに加速するとともに、ＷＴＯやＴＰＰでの合意を踏まえて、第一次産業の農産物まで海外に目を向けて生産しなければならない時代となりました。

他方、売る側ばかりでなく、買う側もグローバル化の影響を多大に受けています。私たちの生活必需品から娯楽用品に至るまで、日本以外で作られた財やサービスを購入していますし、食料自給率は40％前後を推移していますので、60％は海外からの依存です。

また、わが国のエネルギーの自給率はたったの4％で96％は海外から第一次エネルギーを輸入している状況です。貿易障壁が撤廃されて関税のない自由貿易が推進されていく中で、海外からのモノとサービスはさらに増大していくことになるでしょう。

第一次産業が衰退し、第二次産業が日本から逃げていく

第一次産業は農業、林業、水産業の3つから構成されていますが、とくに農業の衰退はよく知られています。わが国のGDPは500兆円弱、そのうち、この農林水産業を合計したGDPは2％未満です。最も多い農業で1％程度。農業従事者は約220万人。そのうち過半数が女性、65歳以上が62％、平均年齢が66・2歳という状況です。農業では身入りが少ないために、若者が農業に参入してこないことが主因ですが、

TPPを中心として農産物の関税が撤廃されると、ますます安価な農産物が輸入され、第一次産業の衰退は避けられない事態です。

第二次産業の製造業も同じ傾向にあります。「私たちの給料は低い！」と嘆く人もいるかと思いますが、世界レベルでは日本の人件費は非常に高いために、モノを安価に生産したい企業は、生産拠点を人件費の安い発展途上国に移転せざるをえません。中国の労働力も高騰しはじめているので、今後はさらに安価で優秀な労働力を求めて、南アジア、東南アジア、アフリカ諸国に生産拠点が移されていきます。

ということは、**「おもしろくて」「高給の」仕事も、日本から海外に移動している**のかもしれません。

グローバル化でどんどん日本に魅力的な仕事が移動してきていれば良いのに、実際は、その逆の現象が起こっているようです。

グローバル化において若手ビジネスパーソンがすべきこと

このような状況に鑑みれば、みなさんがすべきことが見えてきます。優先順位が高いもの3つを挙げるとすれば、

❶海外環境適応力を習得する
❷英語力を鍛える
❸専門知識の習得（前述の「プロフェッショナルになる」に通じる）

となります。

第一の海外の環境に適応する能力は、会社に勤務してから初めて海外赴任となると、ぶっつけ本番ということになります。海外では、文化の違いがありますし、マナーや習慣が異なります。

第二に、語学力として英語の運用能力が必要です。英語は、フランスでもイタリアでも中国でも使われている言語です。第二外国語をやるのも良いですが、その前に第一外国語である英語の習得が必要です。

実用英語として、最低でもTOEFL１００点、TOEICであるならば９００点以上はほしいところです。仕事上では、当然、専門用語を知る必要がありますし、現実的には、文法的に合っているかどうかというよりも、現地の人々とコミュニケーションがとれるかどうかが重要です。日本人が不得意とするジョークを交えた会話と、専門用語を交じえたビジネス英語の両方を学んでいく必要があります。

第三に、専門知識の習得です。専門性がないと、ニッチに入り込むことができません。専門性があれば、どこの国に行っても需要があります。

たとえば、銀座にミシュランの三ツ星を獲得したこともある銀座の寿司屋さんの名店がありましたが、ご主人はお店をたたんで、ロンドンに移住してしまいました。国境を超えて、自分の活躍の場を求めたのです。それまでの名声や常連客や収入を捨てて、自分がどこまで成長できるかという限界を知ろうと考えた末の結論だったそうですが、このような突拍子もないチャレンジは「寿司を握る」という専門技術があってこそ可能です。

時代を先取りし、やりがいがあって高給な仕事が海外へ出ていき、日本においては減少している事実に鑑みて、その仕事を追いかけていけるだけの能力を向上させることが求められています。**日本にとどまっていては、それなりの仕事とそれなりの人生が待っているだけ**です。

Rule 20 ゼロ成長の日本経済という試練

メディアを通じて、わが国の経済状況がほぼ毎日のように報道されています。景気が良いとか悪いとか……。私たちは景気の動向に敏感ですから、景気・不景気に影響を与えることができる政治家も、自分の選挙区の公共事業費を増額できた、雇用を創出して失業率を低下させたなどと、経済分野における功績をアピールしようとします。

エリートにとって、マクロ経済の知識は不可欠です。経済の動向を知る指標には、完全失業率、日経平均株価、消費者物価指数などありますが、その中で最も重要なものは、経済成長率です。中国や東南アジア諸国では現在でも10％近くの成長率を誇っています。経済が急速に発展しているのです。

それではわが国の経済成長率はどのようになっているのでしょうか？

また今後日本はどのくらい成長していくのでしょうか？

このような基本的な経済状況を知っておくことは、社会人としては不可欠です。

図表３－１は１９６０年から２０１３年までの54年間の実質経済成長率の推移です

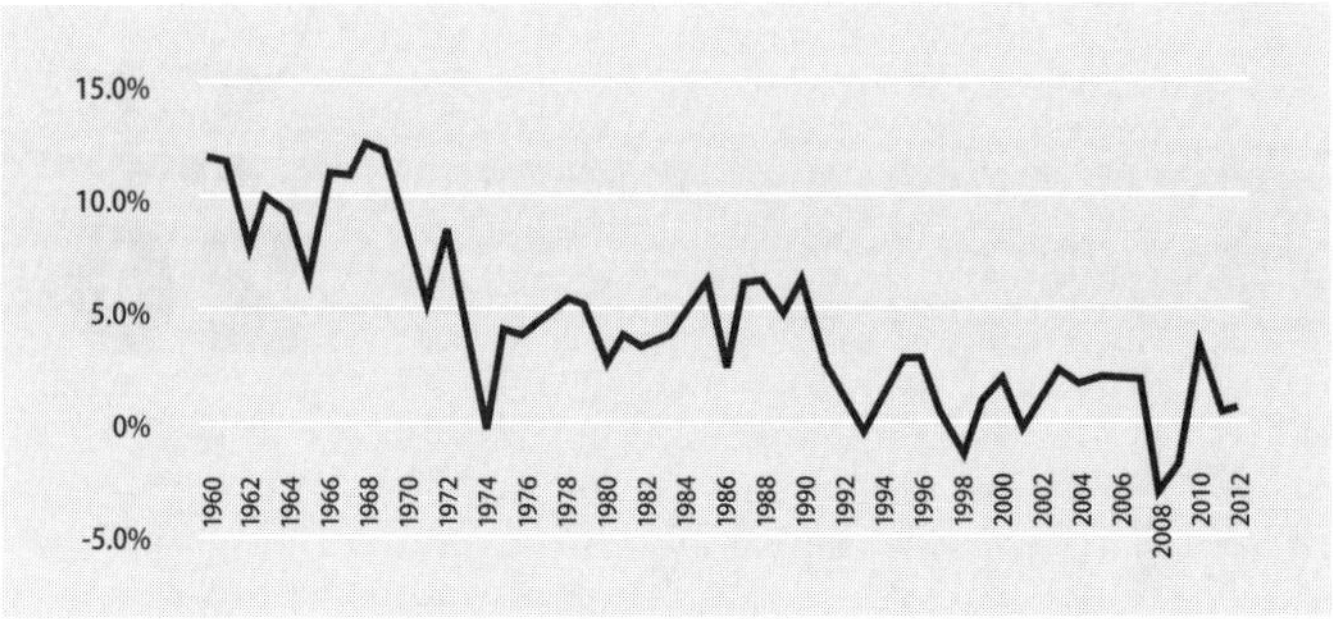

図表３－１　わが国の経済成長率の推移（1960年〜2013年）

が、一瞥して右肩下がりになっていることがわかります。

そうです、わが国の経済は高度経済成長期から現在のゼロ成長期に推移してしまっているのです。

図表３－１では、おおよそ、①１９６０年〜１９７３年、②１９７４年〜１９９０年、③１９９１年〜現在の３つの時期に分類できます。

第一期の１９６０年から１９７３年までは「高度経済成長期」と呼ばれる時代でした。この期間の成長率を平均すると９・７％になります。ほぼ10％の成長率ということは、急成長している発展途上国並みの成長を達成しました。

第二期は１９７３年から１９９０年までの18年間で、この間の経済成長率の平均は４・３％です。第一期に比べると半減しています。１９７１年８月のニクソンショックを経て、１９７３年２月にはそれ以前の固定相場制（１ドル＝３６０円）から変動相場制へと移行したことが重要で、その後、１９８５年のプラザ合意を経て、円の価値がどんどん上がって、１ドルが１００円未満にまでなったこともありました。

この時期では、わが国のエネルギー海外依存の脆弱性も露呈しました。1973年には第一次オイルショック、1979年には第二次オイルショックという、原油価格が4倍以上高騰する事件が起こり、中東地域の石油に78%も依存していたエネルギー事情により、日本中が大パニックに陥りました。

わが国のエネルギーの95%以上を海外に依存しているというエネルギー事情から、エネルギー価格が上昇したこと、また円高によって輸出産業が打撃を受けたことなどにより、高度経済成長は終焉して、4%程度の成長率になったのでした。

さらに1985年9月には円高に誘導するプラザ合意に至ったことで、輸出産業が打撃を受けると恐れるあまり、当時の大蔵省はプライムレートを極端に下げました。そのためにお金が供給過剰となり、そのお金が不動産や株に投資されたことで、わが国は未曾有のバブル経済を経験することになります。1986~1990年の景気はバブル経済によるもので、本来はあってはならない事態でした。

第三期は1991年から現在までの低成長時代です。過熱したバブルを抑制しようとプライムレートは1989年5月から5回にわたり引き上げられ、土地関連融資の総量規制などが行われ、そのために高騰した株価や地価は急落、バブル経済の崩壊となりました。さらに2008年にはリーマンショックに見舞われ、わが国はマイナス

3・7%という戦後最大のマイナス成長を記録。1991年から現在までの経済成長率は、平均するとたったの0・9%です。

今後の景気から自らの行動を考える

というわけで、わが国では今後、経済成長というものは見込めません。政治家や経済評論家が何と言おうと無理な話です。現役を引退して年金生活に入るお年寄りが毎年100万人増加しています。公的年金はより若い世代の労働人口によって賄われていますので（国民年金は積立ではありません！）、毎年、働く人の財政負担が増えていくということですし、医療や介護といった社会保障についても比例して増大していくので、経済が成長するということは難しい時代です。

成長が見込めないということは、私たちの給料も実質的には増えていかないということでもあります。高度成長期のように、ひとつの会社に長年勤めていれば自動的に豊かになるというわけにはいかないのです。基本的にはゼロ成長、現実には成長産業と衰退産業に明確に分かれていきますし、現在成長しているからといって長期的に安定成長するわけでもありません。衰退の波にさらわれないように、企業、個人ともに俊敏に対応することが求められています。

Rule 21 「少子高齢化」問題を背負う覚悟が求められる

わが国の総人口は現在減少しつつあります。人口は明治維新以降、医療の急速な進歩により急激に増加して、人口の推移は2009年にピークを迎え、現在はゆるやかな下降途上にあります。しかし、数年のうちに、日本の人口は、歴史上稀に見る最もスリリングなジェットコースター並みの勢いで真っ逆さまに下降していくことがわかっています。

総務省によれば、毎年人口の下げ幅を更新して、このままのペースでいくと、50年後には、現在の1億2700万人から4000万人減って、8700万人になると予測されています。1000年後には日本人は一人もいなくなるという試算もあります。わが国がこの地球から消滅する危機に瀕しているということです。

現在の出生率は約1・4。また、既婚の夫婦の出生率がおおよそ2・0ですので、出生率の低下、少子化問題の根本は、未婚の男女の増加というふうにとらえることができます。なぜ、若者は結婚しないのか？　背景には何があるのか？

私は「恋愛学者」として、少子化問題の解決をライフワークとして取り組んできました。なにしろ少子化の原因はみなさんが恋愛をしなかったり、結婚をしなかったり、結婚をしても子どもをつくらなかったりしているためであり、個人個人のミクロの意思決定が、マクロである日本の政治問題になっているという状況です。政治学者として私は「少子化問題の根本は恋愛にあり」と考え、「恋愛学」「結婚学」を提唱してきた経緯があります。

少子高齢化に直接的、間接的に関係するみなさんは、このマクロのトレンドを知っておく必要があります。なにしろ、現在の政治はほぼ無策、お手上げ状態で、1000年後には日本人という民族はこの地球上から消えてなくなるのです。そのためにも、自分の置かれている立場を理解し、将来に備えて、自分を防衛する必要があります。

「少子高齢化」が引き起こす問題を理解しておく

少子高齢化問題が政治、経済、社会に与える影響を知っておくことはみなさんの仕事の上でも、将来設計のためにも不可欠です。人口が減って良いことは地価が下がるぐらいなもので、人口減に伴う「人口オーナス」は、日本の根源的問題です。将来につなげるヒントを差し上げますので、みなさんの将来に活かしてください。

少子高齢化問題について、重要な点、5つを取り上げておきます。

まず、わが国の財政赤字はすでに1000兆円を超えて、さらに毎年40兆円以上の借金を重ねています。**財政赤字という名前の借金とは、ツケを将来の世代に回すという仕組みですから、被害を受けるのはみなさんのような若い世代とみなさんが将来もうけるであろう子どもたちです。**

この多額な借金は、返済できる額をはるかに超えていますから（なにしろ20歳以上の人口で割ると一人1000万円）、日銀（日本銀行）が紙幣を製造する輪転機をたくさん稼働させて、ハイパーインフレにするか、消費税を25％前後まで引き上げるかによって解決する以外に、実効性のある解決方法はありません。

日本人はたくさん貯金をしているので多額の借金をしても問題ないなどと詭弁を弄する経済評論家はお年寄りで、日本経済が破たんする前に亡くなっているので無責任な発言をしますが、いずれこの財政赤字問題は、ある日突然日本全体を震撼させる問題となります。いまから自己防衛の方法を考えておいたほうが良いでしょう。

第二に、日本経済の動向ですが、2020年の東京オリンピックは経済界における神風というべきもので、しばらくの間は日本経済を良い方向に導いてくれます。東京を中心に「五輪バブル」が創出され、その恩恵は建設業界、広告業界、メディア業界等が享受することになりますが、その後、反動の落ち込みが予想されます。**「2020年問題」をどのようにソフトランディングさせるかが政治の重要な課題**です。

第三に、現在の日本ではすでに4000万人が年金生活者で、日本のGDPに換算される経済活動は行なっていません。さらに毎年100万人以上が年金生活に入ってきますので、国家予算に占める社会保障は毎年膨らんでいます。国民年金は、現在では65歳から支給可能ですが、そう遠くない将来には、70歳からの支給になり、現在の国民年金の支給額も減額されることは不可避です。

第四に、「人口オーナス」と呼ばれる、人口減がもたらす悪影響は、地方を直撃しています。地方の人口は東京、大阪、名古屋といった大都市に流入してきますので、人口移動のツケは地方が払います。過疎化、空き家率の増加、孤独死といった高齢化の問題は地方により顕著に生じるものです。地方では土地の価格が下落し不動産を購入するメリットがありますが、これらの社会問題が同時進行しますので、地方在住者は注意が必要です。

第五として、少子高齢化がもたらす経済への影響ですが、戦後の第一次ベビーブームで生まれた赤ちゃんは280万人でしたが、現在では100万人程度に落ち込んでいます。日本の人口ピラミッドは逆三角形であり、乳幼児に対する市場、子どもに対する教育分野では、今後とも購買力は低下していきます。

他方、介護・終活ビジネス、シニア婚サービスといったようにお年寄りをターゲットとしたビジネスは静かなブームを迎えることでしょう。ただし、年金生活者になったお年寄りは余剰資産があるわけではないので、景気の起爆剤とはならず、今後とも日本経済は落ち込んでいくことは不可避です。

少子化が引き起こす諸問題は長期的なトレンドです。

たとえて言うなら私たちの見かけと同じで、毎日少しずつ衰えていくものですから、その微妙な変化に何も変わっていないのではないかと錯覚してしまいます。しかし、現実には着実に少子高齢化問題は日本に悪い意味で浸透しています。

この問題を逆手にとって、ビジネスにつなげるのも良いし、問題を認識して自分に被害が及ばないように防衛するのも良いでしょう。何らかの対応は怠らないようにしてください。

Rule

22 会社組織と序列と給料について、正しく理解する

会社には、会社法に基づいて、合名会社、合資会社、合同会社、株式会社といったものがありますが、ほとんどのみなさんは株式会社という組織で働いているはずです。ところが、自分の会社に（株）がついていても、株式会社の成り立ち、株式会社という組織、給料体系について知っている人は意外に少ないです。マクロの立場から企業というものについて知っておきましょう。

そもそも会社組織の起源は、ローマ帝国時代の「ソキエタス」にまでさかのぼることが可能ですが、共同で行う組合という意味合いが強く、現代のような株式会社の起源としては、オランダ東インド会社（１６０２年）となります。

当時、肉の腐敗を防ぎ、料理の調味料として使われた香辛料は、需要が高いわりに入手困難で、たいへん高価でした。そこでヨーロッパの輸入業者は、船を調達して香辛料を原産地であるアジアの各地域から輸入しようとしましたが、当然、船は沈没することもしばしばだし、海賊に襲われることもあり、ハイリスク・ハイリターンだったわけです。そこで、万が一に備えてリスクヘッジをしようと考えました。お金持ちが集まって、共同で香辛料取引を行なおうとしました。ビジネスにかかわった人たちは、資本を出す資産家、東インド会社という現地支店、香辛料を運ぶ船の船長と乗組員などです。

会社員の給料はスキルに応じて決定される

17世紀とは異なり、みなさんは21世紀の高度に発達した企業に就職していますが、基本構造は同じ。資金を提供する株主、会社の経営に責任を持つ経営者、会社の従業員である会社員がいます。みなさんは会社の従業員ですが、自社の株を保有すると、従業員であるとともに株主にもなることができます。

企業の規模が大きくなればなるほど仕事が細分化されているために、それなりのお金をもらうためにはそれなりの専門的なスキルが必要となります。モノを売る営業、お金の動きを把握する経理・財務、売れるモノやサービスを開発する商品開発などといった会社の部署に応じて、必要となるスキルを身につけていかなければなりません。そのスキルに応じて給料が決定されていきます。

みなさんがずっと現在の会社に勤めると仮定して、どのくらいの給料を期待できる

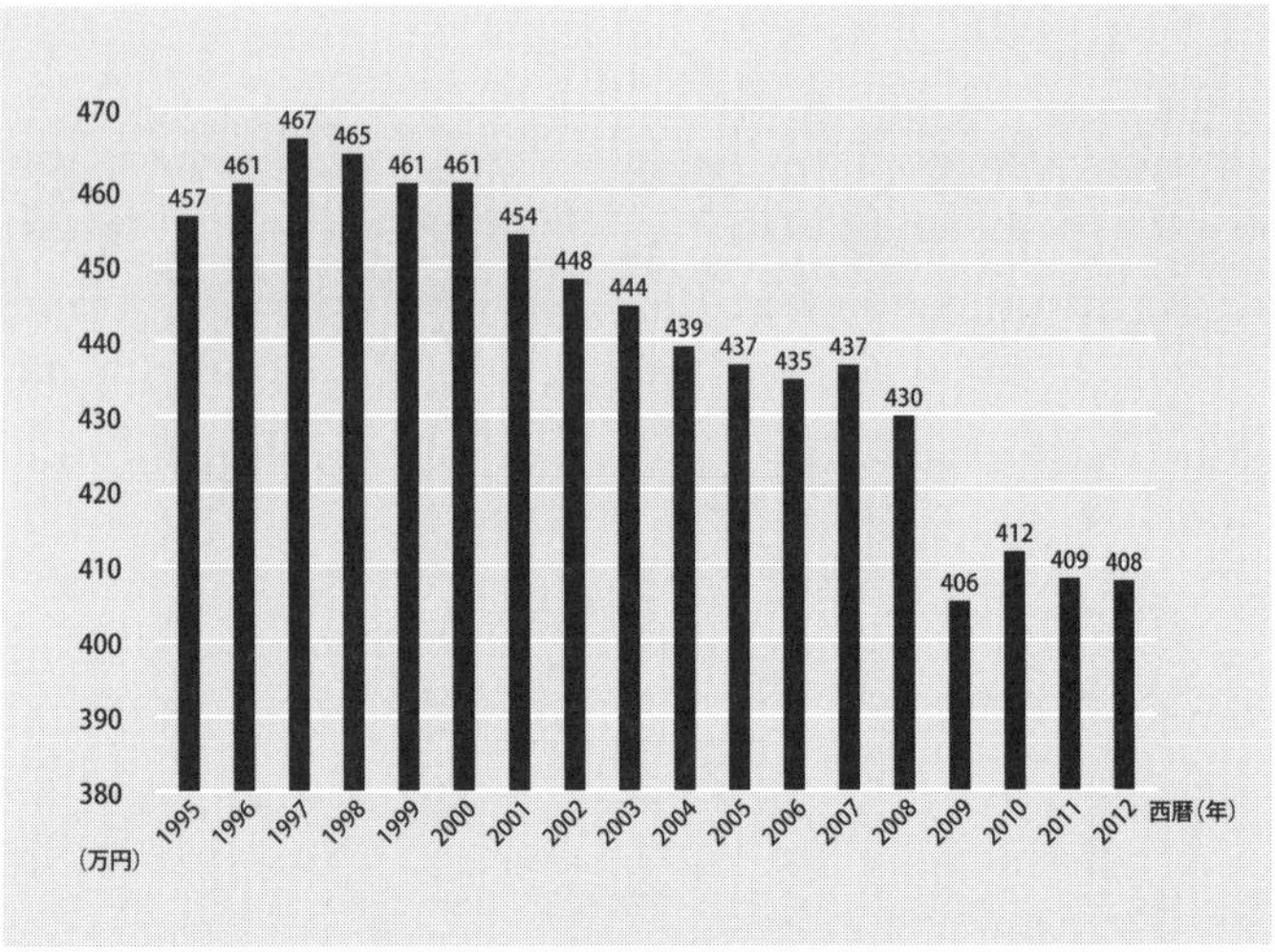

図表3－2　会社員の平均年収の推移[*3]

のでしょうか？　入社1～2年目の年収は300万円程度でしょうが、会社員全体の平均年収の推移を図表3－2に掲げました。

1997年でピークを迎えた平均年収467万円は、不況とデフレの影響で徐々に下降し、リーマンショックのあった2008年の翌年の2009年で底をつきます。406万円ですから、12年の間に61万円も目減りしたことになります。現在も同じような年収で推移していますが、2012年12月に自民党政権が再び誕生して、インフレターゲット2％を掲げた金融政策に移行させてから、徐々にですが年収も上昇傾向にあります。

給料の違いには7つの要因がある

図表3－2はすべての職業の男女の年収を平均した数字です。みなさんの勤める会社は多種多様ですので、比較しておいて自分の置かれている立場を理解して役立ててもらいたいものです。給料の違いは、主に7つの要因によって変わります。

第一に、**雇用形態**で、正規雇用か非正規雇用かで給料は大きく違います。正規雇用の中でも、一般職と総合職に分類でき、総合職で雇用されるということは将来役職に就くことも可能となります。

みなさんは正規雇用者として採用されているわけですが、厚生労働省のデータ（2013年）によれば、55万人の大卒者のうち、正規雇用は大学卒業者の63・2％に過ぎず、37万人あまりです。大学院に進学する学生が全体の13％程度の7万人で、ニートは3万7000人もいます。[*4] 就職浪人も4万人います。みなさんが職を得ているということが、いかに恵まれているかがわかります。

＊3　出典は、国税庁2012年「民間給与実態統計調査結果」。
＊4　2013年8月7日付、日経新聞。データ出所は、「2013年　文科省の学校基本調査速報」。

企業規模	係長	課長	部長
100～499人	564.45万円	672.08万円	860.86万円
500～999人	622.00万円	781.47万円	1,042.93万円
1,000人以上	760.62万円	968.05万円	1,202.85万円
100人以上全体	666.47万円	836.92万円	1,062.31万円

図表3－3　役職者の給与＊5

第二に**年齢**です。ビジネススキルと年齢には正の相関関係がありますので、経験をより多く積んだ社員のほうが給料を多くもらえるのは当然です。

第三に**性別**です。男女間では年収の開きがあります。女性は男性より年収が低くなっていますが、最大の原因は契約社員や一般職の社員が多いためです。また子どもに手がかからなくなると家族の副収入として働き始めること（M字カーブ）がありますが、その場合、どうしても非正規雇用にならざるをえません。そのため女性の年収は平均値では20代後半から50代まで一定で、250～299万円のレンジに収まってしまいます。

第四に、年収はさらに**業界**によって差があります。キー局・準キー局のテレビ局や総合商社を筆頭として、40歳前後の平均年収は1000万円を超えますが、介護・飲食では300万円程度です。市場の独占色の強い電気ガス水道業界や金融保険業界は比較的年収は高く、他方、競争の激しい建設や製造業は比較的低くなっています。

第五は**学歴**です。中卒より高卒、高卒より大卒のほうが給料は高いです。就業年数は、中卒は高卒より3年長く、高卒は大卒より4年長いにも関わらず、雇用形態、仕事の内容、会社の規模、役職手当などといった要因との兼ね合いから、生涯年収では大卒が上回ります。

第六は**会社の規模**です。通常は会社の規模が大きくなればなるほど、給料は高くなります。たとえば生涯年収でいうと、中小企業と大企業では一生の間で稼げる金額が1億円程度の開きがあることはよく知られているところです。

最後に**役職手当**です。図表3－3に役職者の給与を企業規模とともに掲げました。企業規模が大きくなればなるほど役職手当が高い傾向があるのと、ランクが上がれば上がるほど年収が高くなります。部長になると年収は1000万円を超えてきます。

みなさんの場合、すでに役職と年齢以外の雇用形態、業界、性別、学歴、会社の規模は決定されているので、今後、年齢を積み重ねるにしたがってそれなりの役職に就くことが、年収を引き上げる近道になります。

そのためにも、本質的目的を見つけて目標をクリアしていくこと。会社における存在価値を高める努力が、年収を引き上げていくのです。

＊5　給料.comのサイトより。オリジナルの出典は厚生労働省2012年「賃金構造基本統計調査」。

Rule

23 法令遵守のトレンドをおさえ、会社と自分の身を守る

「株式会社は誰のもの？」という議論があります。狭義の意味では株主であるとか、経営者や従業員も含まれるべきだといった考え方もあります。

細かい議論はさておき、現実には、株式会社の所有者である株主の他にも、取締役社長を筆頭とした従業員のみならず、系列会社、銀行などの債権者も会社の運営に影響を与えるステークホルダーです。

さらに広い意味での解釈をするならば、商品を購入する消費者、会社が位置する場所に居住する住民、さらに多国籍化した大企業であるならば、日本というブランドさえにも影響を与えることが考えられるので、日本という国もステークホルダーと言えるかもしれません。

ここ最近で問題となっているのは、従業員が数人の会社でも、数万人の会社でも、一人の従業員が会社全体に悪影響を与える場合がある点です。

土壌汚染のような企業による環境破壊、反社会的勢力に対する利益供与、従業員による多額の横領、食品産業であれば産地偽装、さらには品質管理のずさんさを露呈させるツイッターなど、毎年必ず問題が顕在化しています。インターネットの普及、SNSの一般化によって、一人の従業員の違法行為が企業ブランドのイメージを急落させることが可能なのです。

一人ひとりがそのような大きな影響力を持っているのだということを再確認することが必要な時代となっています。そのために企業側が実施している対策の2つの流れを把握しておくことは、会社で働くみなさんとしても不可欠となります。

企業コンプライアンスを理解する

コンプライアンスとは「法令遵守」のことですが、最近では広義の意味で使われていて、社内規定（会社が組織的に運営されるために従業員が遵守するべきルールを明文化した文書）、業務のマニュアル化（業務の内容の概略を規定することで無駄や不正を防止するルールの明文化）、社内研修といった社員教育システム、企業倫理の遵守を含みます。

どの企業でも服務規程・就業規則が明文化されていますので、みなさんはその会社の従業員になった以上は、まずはしっかり熟読しておくことが必要です。一昔前までは、コンプライアンスは経験的に判断されていたのですが、近年は明文化されています。規定・規則といったように法的に明記しておくことで、内外に法律を遵守する会社だとアピールすることができますし、会社と従業員の間で法律問題になるケースが増加したために明文化の必要性が出てきました。

明文化されていないものを守るということは、そもそもできませんからね。

ハラスメント対策に敏感であれ

企業内の人権の尊重とは、企業内において役職の有無、立場の上下があっても、職場では一人ひとりが、人間として等しく、不当に傷つけられてはならない尊厳や人格を持った存在であることを確認し、人格を尊重し合うことを基本としています。

上司からの行き過ぎた行動や言動であるパワーハラスメントや、性に関する行き過ぎた言動や行動であるセクシャル・ハラスメントは、違法行為であり、企業は防止する対策をとるようになっています。*6

会社は社員に対して、労働契約上の付随義務として職場環境配慮義務、すなわち社員に対して働きやすい環境を提供する義務があり、とくに女性社員の増加や社員の精神疾患の増加を踏まえて、職場環境を改善しようという動きが活発になっています。

企業内ガバナンスの大きな流れのひとつとして、みなさんはこの点を充分に理解しておくべきです。

実際に可能なのか？（本音の話）

さて、ここまでは建前の話です。ここからは本音の話になります。

コンプライアンスやハラスメント防止は、会社が世間に向けてアピールする建前論といった意味合いもあり、実際の運用については難しい問題が含まれています。

たとえば、みなさんが同じ職場の異性を好きになってしまいました。職場結婚が全婚姻の30％前後である事実を踏まえると、頻繁に考えられる状況です。このようなときにどのような形でデートに誘うかでセクハラになるのかならないのかが決定されま

＊6 厚生労働省によるパワーハラスメントの正式な定義としては「職権などのパワーを背景にして、本来の業務の範疇を超えて、継続的に人格と尊厳を侵害する言動を行い、就業者の働く環境を悪化させ、あるいは雇用不安を与えること」です。他方、セクハラの定義は「職場において、労働者の意に反する性的な言動が行われ、それを拒否するなどの対応により解雇、降格、減給などの不利益を受けること、または性的な言動が行われることで職場の環境が不快なものとなったため、労働者の能力の発揮に悪影響が生じること」となっています。

選択肢Ⓐ	100%の確率で、1万円損をする。
選択肢Ⓑ	50%の確率で、2万円損をする。（残りの50%は何も損をしない）
選択肢Ⓒ	10%の確率で、10万円損をする。（残りの90%は何も損をしない）
選択肢Ⓓ	1%の確率で、100万円損をする。（残りの99%は何も損をしない）

図表3－4　4つの選択肢

す。**自分の言動がセクハラに当たるかどうかを決めるのではなく、相手の主観的解釈の問題**なので、自分では当たらないと思っても相手がセクハラと思えばセクハラになってしまうのです。この点、職場における恋愛は難しい問題を含んでいます。

コンプライアンスも同じです。みなさんはいままで一度も不正をしたことがありませんか？　不正をしたことがない人は皆無のはずです。たとえば、就職活動のとき、自分の経歴を「盛った」のではありませんか？　本当の経歴を1とすると2、場合によっては5にも10にも盛ったはずです。それって不正ではありませんか？　会社組織でいえば、偽装工作では？

一般化して考えてみましょう。たとえば、図表3－4のような4つの選択肢のうち、どれかを選ばなければならないときに、どれを選択しますか？

このような4つの選択肢では、ミクロ経済学者や心理学者による実験では多くの被験者が選択肢Ⓓを選んでいます。「**プロスペクト理論**」というのですが、このような「損」という範疇では、私たち人間は、リスクをとる傾向があるのです。

現実問題として、たとえば産地や賞味期限の偽装をしなかったら、確実に1万円損をするような状況では、「他の業者もやっている」「ちょっとくらいごまかしても判らない」「だったら、やってしまえ」と思ってしまいがちです。

いけないこととは知りつつも、捕まる可能性が低いからわからないのでは?と思ったら、みなさんは絶対にしないと言いきれますか?

少なくとも就職活動のときに自分の経歴を盛ったり、4つの選択肢のうち、選択肢Ⓓを選んだりした人は、「絶対にしない」と言いきれないでしょう。

私たちは、不正をしないという正義感を持っています。しかし実際には、みんなが同じように不正をしているとか、顕在化する可能性が極めて低いというような状況では、不正をしないで生きることが難しい動物でもあります。

私たちはぎりぎりのところで生きていますが、そのぎりぎりをどうするかが問われている場面が出てきます。どうするかで、みなさんの生き方が決定します。

Chapter 4

入社3年目までに10倍差がつく「仕事偏差値」を超える働き方

私は、2000年から現在まで早稲田大学という私立大学の教員をしていますが、実はそれまでは仕事を10回近く転々としました。今から40年も前になりますが、大学時代は数多くのアルバイトを経験しました。家庭教師、喫茶店のウェイター、市場調査員、工事現場の日雇いなどをして、大学の授業料と生活費は自分で稼いでいました。

大学4年生になるとそれなりの就職活動をし、内定を勝ち取り、就職した経験があります。1979年から3年あまり、外資系銀行員として東京有楽町にあるビジネス街の一角で働いていました。ですから、金融業界における新人の不安や期待や失敗談は経験しました。また大手の総合商社に在籍していたこともあり、輸出入業を垣間見たこともあります。1980年代の後半からは、3つの国連専門機関で国連職員として合計10年くらい働いたり、外務省の出先機関である国連代表部には嘱託として2年間、アメリカの州立大学で政治学を教えたりしたときもありましたので、国際公務員、国家公務員、地方公務員と3つのレベルで実務経験があります。ですから、大学教授としては変わった経験をしているはずです。

このChapter 4でお話しする入社後1～3年目までの経験は、仕事や国や地位が変わっても何度もやってきたことになるのですが、結局、経験するパターンは同じ。最初の1年目はダチョウのように頑張るけれど、ミスばかりして「なんてたいへんな仕事なんだろう」と落ち込むのですが、次第にそこから立ち直り、仕事に慣れてルーティーン化して、やっと周りが見えてくるといった感じです。

新人時代は、大学生という「学ぶ立場」から財政的に自立した1人のビジネスパーソンになる過渡期です。Chapter 4の主眼は、この点を踏まえて、必ず生じるであろう問題点や、どの方向に向かって仕事をしていくべきなのかという方向性を示すということです。ここをしっかり学ぶことで、常に与えられた仕事の「偏差値」を上回る成果を出すことができるでしょう。

さらに、現在一流企業で活躍する森川ゼミOB・OGを総動員して、「ビジネスパーソンとして必要なスキルは何か」といった質問等にできるだけ詳しく回答してもらい、「入社後1～3年の実態」を調査しました。その結果もふんだんに盛り込みました。

Rule

24 成功をおさめるためには、「専門的知識」の習得も必要である

日本のマクロのトレンドのひとつとして、年功序列と終身雇用制度が徐々に終わりに近づいていると述べました。市場経済メカニズムと合わせて考えると、雇用形態は欧米型の実力主義に移行することは不可避です。

またChapter 1で解説したように、「本質的目的」を持つことが自分のニッチをつくり、人生の充実感につながり、自分の存在意義を確認することができると述べました。

これらの点を前提にすると、みなさんは実力をつける、つまり

- **プロフェッショナルになる**
- **一芸に秀でる**
- **手に職をつける**
- **ニッチが小さくても日本一になる**

ことが求められる時代になったということになります。

会社に就職してから1~3年目では、自分に与えられた仕事に追われて全体像が見えていないかもしれませんが、日々の仕事をこなすということはプロフェッショナルになるということとは違います。本当の意味でプロになるにはどうしたら良いのか、この点を明確にするのがこの項の目的です。

企業特有の処世術よりも、普遍性のある「専門的知識」を習得する時代

どの業界であろうと、どの会社に勤めていようと、総合職として勤務する会社員としての仕事は

❶仕事をこなす「日常スキル」
❷「専門的知識」（仕事にかかわる理論的理解）

の2つで成り立っています。

「日常スキル」（以降「スキル」と呼ぶ）というのは日々仕事をこなしていくのに最

低限必要な知識と実務運用能力です。

たとえば、経理の仕事におけるスキルとは、伝票を正しく計算して貸借対照表に反映させるということで、貸借対照表の基本的理解、社内における伝票の流れを把握していれば、仕事をルーティーン化できます。知識よりも計算機で早く正しく入力し、1円まできっちり帳尻を合わせる能力が求められます。入社当初はほとんどすべての知識がありませんから、とりあえず仕事に慣れてルーティーンをこなすことに四苦八苦することになります。

他方、「専門的知識」というのは、仕事にかかわる本来必要となる理論的な知識です。経理関係の仕事を突き詰めると、会計学、企業法、租税法、監査、経営戦略、マーケティング、ファイナンスなどの知識が必要ということがわかります。両者の知識があってはじめて、仕事というものが理解できるものです。

「日常スキル」と「専門的知識」の有無に基づいて図表を作成すると、図表4－1になります。

図表左上のセル(1)は、スキルも専門的知識も不足している状態です。まさに、新人だったり、新しい部署に配属されたりしたときの状態です。徐々に仕事を覚えていく

		専門的知識	
		足りない	秀でる
日常スキル	足りない	(1)	(2)
	秀でる	(3)	(4)

図表4-1　スキルと専門的知識の多寡

ことで、スキルの部分は次第に(3)に近づいていきます。ただし、ずっと(1)に留まる社員もいますので、会社側から配置転換、解雇等の措置が行なわれることは必至です。

(2)はスキルが劣り、そのかわり専門的知識が充分にある状態です。部署内では、「仕事が遅い」「理論家」「理屈ばかりこねている」と言われる社員で、上司としては最も扱いづらい社員です。理論家なので話の筋は通っているのですが、身体がついていかない分、上司のみならず同僚からも嫌がられる存在になります。

(3)はスキルに優れるけれど、専門的知識に劣る場合です。通常は一般職や派遣の社員になってもらいたい状態です。

総合職の社員の場合でも、年功序列、終身雇用制度が充分に機能していた時代では、専門的知識よりも会社特有のスキルのほうが重視されていました。普遍的で理論的な知識を持つよりも、スキルの習得のために多くの部署をまわって、その中で、会社特有の処世術を学ぶほうが有益だったのです。各部署には特有のしきたりや文化、上司のくせや弱点などがあるので、ジェネラリストとして各部署を回ることで、「会社内力学」を学ぶことができました。

他の会社に移る必要がなかったのですから、普遍性より特異性であるスキル習得を重視する風潮があり「会社内の誰にどうつけば仕事が順調にまわる」というスキルには精通していたということです。

(4)は、スキルと専門的知識の両方に秀でている場合です。

これからは、スキルのみならず、仕事の本質的理解である知識や理論が求められる時代です。**会社特有のスキルは、日々のルーティーンをこなすうえで不可欠ですが、それに加えて、普遍性のある専門的知識を習得しなければならない**のです。

世の中が流動的で、好むと好まざるとにかかわらず会社を変えなければならない事態に備えるという意味では、むしろ会社特有の知識よりも、普遍性のある理論を知識として身につける必要があります。

プロフェッショナルになるとは、処世術の習得ばかりではありません。普遍的な能力の習得も不可欠です。

わかりやすくイメージしてもらうために、次のような例を挙げます。たとえば、飲食業に就職した人がフロアの仕事をさせられて、ワインの知識が必要になった場合を想定すると、ワインをサーブするスキルだけでは足りない場面が出てきます。

お客様にワインリストを渡して注文してもらったワインのコルクを開けて、テイスティングさせればいいというのがスキルの部分です。

しかし、実際には、お客様から「食事に合うワインを選んでほしい」と言われることもあるでしょう。その状況に対応するためには、ワイン産地の地名、畑、ワインの種類（白、赤、泡など）といった基本知識から、ブドウ品種、銘柄、格付け、ヴィンテージ、各年の天候や当たり年、食事との相性などなど、覚えなければならないことがたくさんあります。

またレストランに雇われている以上、仕事の目的は収益を上げるということでもあるので、店として売りたいワインも考えなければならず、お客様のニーズとお店のニーズをうまくマッチングさせることも重要です。

このような状況では、ソムリエとしての専門知識が必要であり、ワインスクールに通って勉強するか、時間外にワインの本を読んで自分で習得するしか方法がありません。

仕事にも慣れて、ソムリエの試験に合格し、ミスが少なくなってくると、向上心も湧いて、周辺知識を獲得するようになります。ソムリエの場合、フランスワインに精通したいと思い、休暇を利用してボルドーやブルゴーニュといったワイン生産地を旅したくなります。またワインは食事との相性が重要ですから、野菜、魚介、肉類について栄養学的見地から勉強したくなりますし、チーズやデザートといったものにまで興味が出てきます。さらにフランスワインを極めると、イタリアワインや新世界のワインについても知識を深めたくなるものです。

このような仕事の周辺にある専門的知識まで学ぶようになったら、本当の意味でプロフェッショナルの誕生です。これこそがみなさんがなるべき姿です。

会社内で昇進を目指すなら「経営者目線」を身につける

自分の仕事がどんなものであろうと、仕事にはスキルの上達という面と知識の習得という面の2つがあるということを知らなければなりません。

スキルは誰でもやらなくてはならないもの、専門的知識はプロフェッショナルを目指す人のものです。

そして、もし会社内において昇進を目指すのであれば、**経営者としてプロフェッショナルになる**ということが求められます。「経営力」を習得するための専門的知識や実践が必要です。

確かに「地位は人をつくる」という側面はありますので、課長職や部長職を与えられればそれなりに仕事をこなすことができるでしょう。

しかし、何人、何十人いる候補者の中からあなたが課長という地位にふさわしい人

として選ばれるためには、任命される前にその地位にふさわしい考え方と知識を持っていなければなりません。

課全体のためにはどのような発想が求められるのか、部における所属する課の果たすべき役割は何か、さらには会社全体の収益を上げるためにはどうしたら良いのか、といった視点から経営に関する専門的知識の習得が必要ですし、日々の仕事においても自分に与えられたルーティーンの仕事を超えて、「もし自分が課長（部長、社長）だったらどのような意思決定をするだろう」という経営者としての視点を持つことが求められます。

日々のルーティーンの仕事に甘んじることなく、器の大きい発想を持てるのかどうかが昇進できるかどうかの分かれ目になりますし、このような発想をする人が、Chapter 5で述べる「エリートになる」ということでもあります。

Rule
25 「失敗」に対処する力で真価が決まる その① 『原因を探る過程主義に戻る』

新人のころは毎日ミスばかりしています。1年目も2年目も、その後もミスが絶えません。失敗をなくせばどんなに仕事が楽なのかと思うのが仕事というものです。「七転び八起き」とか「試行錯誤」とか「駄目で元々」とかいう格言があるとおり、先達も何度となく失敗してきたということですから、ご安心を。『孫子』（『謀攻』）において「彼を知り己を知れば百戦殆うからず」とあります。

失敗のメカニズムを知り、自己分析すれば、解決できるということです。

失敗の原因を究明する

失敗したら原因を究明しなければなりません。

しかも、なるべく早くです。

時間が経つと失敗の事実さえも忘れてしまいますから、失敗から学ぶという行為ができなくなります。原因が究明できたら、対処する方法もわかります。ここが重要。

Chapter 2において、社会人になると「結果主義」になると述べましたが、原因を究明することは「過程主義」を採用するということです。

失敗に至るまでの過程では、いくつもの意思決定を行ったはず。そのひとつ、あるいは複数の意思決定に失敗の原因が潜んでいます。**その意思決定の選択肢にさかのぼって考察する必要があります。**

まずは原因の所在を明確にしましょう。

失敗の原因が自分にある場合

失敗の原因が100％自分にある場合があります。大学を受験して不合格になる、恋人がほしいのに恋人ができない、就職活動がうまくいかないなどなど、他人の介入がなくて自己完結する場合において失敗したということは、責任は当然自分にあります。

しかし、自分を責めるのは痛みが伴います。失敗したのは100％本人が悪くても私たちは自分の痛みに耐えられないために、他人のせいにしようとします。「恋人がいないのは、仕事が忙しいせい」「いい男がいないのよ」、大学受験の例では「隣の受験生の貧乏ゆすりで気が散った」「時間どおりにママが起こしてくれなかった」など、失敗の原因を他人になすりつける場合があります。

この心理的罠を心理学用語では、**「認知不協和」**と呼んでいます。

認知不協和とは「達成したい理想があるが、現実的に達成できないと思ったときに、もっともらしい理由にすり替えて、自分の痛みを軽減しようとする心理」です。

早い話が、醜い言い訳。自分を正当化することによって、罪の意識を軽減したいという心理が働いた結果出てくる言葉です。

たとえば、「モテないから恋人がいない」という事実を認めるのは痛みを伴います。「モテない」という事実と「モテたい」という事実を自分の中で抱え込むとストレスを感じることになりますから、そのストレスを解消するために「本当はモテるんだけど、時間がなく、出会いがないのが原因」と正当化したい心理が働き、結果として「時間があっという間に過ぎた」という言い訳になるのです。時間があっという間に過ぎるわけがありません。私たち人間には等しく1日24時間、1年365日が与えられているわけですから。

認知不協和を解消しようと自分に嘘をついて正当化していると、問題の解決に至りません。**失敗の口実をつくることに慣れてしまうと、際限なく自分を正当化し、失敗を何度も繰り返すことになります。**

重要な会議に遅刻してしまったときに「電車が人身事故を起こしたから」とか、プレゼンがうまくいかなかったときに「風邪を引いていたから」といったような口実を使うのであれば、結果が求められる社会人としては不合格です。大切な会議の前は不測の事態に備えて早めに到着する、風邪を引かないのは常識です。

不合格の烙印を押されても自分は心の中で正当化しているので、成長することはなく、将来同じような状況になっても、再び同じミスを犯すことになります。

ですから、まず、みなさんに求められるのは、

・自分に嘘はつかない
・失敗に実直に向き合う
・精神的につらくても、失敗の原因を調べて、将来の糧とする

ということとなります。

失敗の原因が明確でない場合

チームで仕事をするような場面では、一人で仕事をする場合よりも、失敗する確率

が高くなりますし、失敗の原因が明確でなくなります。
一人で仕事をするのであれば、何をしなければならないのか、誰に責任があるのかが明確なのですが、複数の人間がかかわってくると、仕事の境界線も、責任の所在も、不明確になるために、「ただ乗り」しようとする気持ちが生じてしまいます。
そのほかにも、チームの目標が明確でないと、方向性がわからずメンバーが四方八方バラバラに動くという事態になったり、仕事のペースが遅い人がいると他のメンバーに迷惑がかかったり、仲良しグループになると緊張感が喪失したり、チームのメンバーが多すぎると生産性が減少したりということになります。[*1]
このような場合、失敗を防止するには、上司のリーダーシップが必要です。チームの一丸性が必要な場面であればあるほど、仕事を細分化して、責任の所在を明確にしておく必要があるのですが（既習）、仕切りについては上司の力量によるところが大きいです。失敗や成功の際の責任をはっきりさせてもらうことで、個々の能力が発揮できるのです。

役に立つ人材になるコツ

仕事上で分業体制が確立された後にはじめて、自分の持ち分を超えた仕事というものの存在ができるわけです。仕事の境界線があいまいだと、失敗の原因が明確でなくなるだけでなく、あなたのエキストラの仕事が評価されません。

しかし、もし境界線が明確に引かれていて、その後にとなりの人が忙しくて困っているときや、上司に緊急の仕事が降ってきて、それを誰かに割り振りたいときに、あなたが喜んでやれば、上司から見ると「役に立つ存在」になるわけです。

ルーティーンをこなすというのは、いったん確立されてしまうと、組織から見るとできて当たり前、失敗はするなという減点方式になってしまうものです。加点がほしいときは、チームのメンバーや上司が困っているときに進んでやるということです。

ルーティーンは減点方式、緊急の仕事は加点方式が基本です。

ですから、分業体制を確立する時点で割り当てをいかに少なめにすることができるかが重要で、最初から目いっぱい仕事が割り当てられてしまうと緊急の仕事ができないことを、しっかり覚えておいてください。

＊1　詳しくはJ・リチャード・ハックマン著、田中滋訳『ハーバードで学ぶ「デキるチーム」5つの条件』、生産性出版、2005年）。

Rule

26 「失敗」に対処する力で真価が決まる その②『「仕事偏差値」を超える』

Chapter 4のタイトルにもなっている**「仕事偏差値」**という観点から、仕事というものの本質を考察してみます。大学受験や就職活動のときに、大学偏差値や就活偏差値というものに接してきたはずですから、「偏差値」という言葉を使うと親しみがあって理解しやすいでしょう。

「仕事偏差値」から考察するミスの構造

「仕事偏差値」とは、与えられた仕事の難易度だと思ってください。どのくらいの能力が要求されるのかというものです。基本的に年収の高さと仕事偏差値は統計的に有意な相関関係があると思って良いです。

仕事で要求される偏差値を60と仮定して、さて、新人の能力としては、せいぜい40くらいではないでしょうか。もちろん、いままで関連する仕事をしてこなかったわけですから、当然、偏差値を下回るということになります。本当は30と言いたいところですが、潜在的に仕事をこなす能力はきっとあるに違いないと考えて人事部は採用したわけですので、40くらいのレベルであるはずです。

会社は、みなさんに要求する偏差値は60でも、いきなり60の仕事を与えてもミスばかりでは非効率的ですので、しばらくは45くらいから開始してもらって、徐々に新しい仕事を与えて60くらいになってもらうという形をとります。厳しい上司にあたったり、即戦力を求められるベンチャー企業や一部の外資系企業だったりすると、ショック療法を用いていきなり60の仕事与えて、這い上がってこさせるところもあります。

というわけで、要求される偏差値は常にみなさんの能力を上回っていることになります。偏差値40の受験生が、国立の難関大学の入学試験問題を解こうとするのと同じですから、間違いだらけのはず。

そう、新人時代というのは失敗の連続なのです。失敗しないまでも、仕事が遅い、機転がきかないなどの問題を抱えることになります。

それでも徐々に仕事の中で、スキルと本質的能力の部分でいうと、スキルの部分は、仕事のルーティーン化とともに徐々にミスが減っていくものです。

偏差値60の仕事を通して、スキルの向上、ルーティーン化によって、40だった偏差値は55くらいまで引き上げることができます。まだ5の開きがありますが、このような状況では、致命的な間違いはしないがときどき失敗をして、上司から叱られることもあるけれど、その夜、酒を飲んで忘れれば次の日は出社できる、というくらいのレベルになるわけです。

この過程は、コンピュータゲームのロールプレイングゲームに似ています。最初のレベルをクリアすると、次のレベルに行けますが、敵は常に手ごわいわけで、毎回1回でクリアするというわけにはいきません。何度も挑戦するか、新しい武器が必要になってきます。そのレベルがクリアできても、次のレベルではまた失敗を重ねてクリアしていくということの繰り返しです。

「仕事偏差値」を超えるには2つの要素をおさえる

会社員というのは、仕事に慣れてくると与えられた仕事の偏差値60の近辺をうろうろするものです。偏差値以上をこなすには、お金、エネルギー、時間という原資を相当のレベルで投資しなければなりませんが、みな、さらなる投資が必要かどうか考えた結果、「日々そんなに大きなミスはないし、みんなも同じくらいの仕事ぶりだし、私生活も充実させなくては」というふうに思いますから、この仕事偏差値近辺に落ち着きます。

大多数の会社員は、**「仕事偏差値」≒自分の能力**という状態に満足してしまいます。しかし、他より抜きん出て差をつけ、成功をおさめたいと思っているならば、ここからが勝負です。

いかに仕事偏差値を超えられるかというのが勝負どころです。

さらに偏差値を上げるには、以下の2つが役に立ちます。Rule 24で述べたスキルと専門知識というものに抵触します。

1つ目はスキルに関するもの。**職場において仕事全体の動きに関する情報を収集しましょう。**

「訊くは一時の恥、訊かぬは一生の恥」の精神です。明るく気持ちの良い新入社員になって質問するのがベストで、とにかく謙虚さが不可欠です。いやいや聞いたり、せっかく答えを聞いても飲み込みが悪かったりすると、教えるほうもやる気が失せてしまいますので、教えてもらったことは一度でしっかり吸収して、二度と聞かなくても済むようにしてください。

みなさんがこなしている仕事は流れ作業の一部ですから、前後に別の仕事をしている人たちがいて、各々に要求されるスキルがあります。そのあたりを理解して、会社の全体像を把握するのが賢い情報収集です。

情報収集すべき人は、企業の規模が大きくなればなるほど多くなります。仕事の流れの前後に所属する同僚社員、上司、先輩社員、一般職社員、前任者などがいますが、有効活用できる人はすべて役立ててください。

情報収集できる人の中には、ビルの清掃係のおばさんや会社役員の運転手もいます。清掃係の方はトイレの清掃やフロアをきれいにしながら、社員の会話を耳にする機会がありますので、仲良くしておくと思わぬ情報を入手できます。取締役級の運転手も情報の宝庫です。気心が知れるようになると、派閥の抗争や上司のプライベートの情報まで聞き出せることもあります。

もうひとつは、**仕事にかかわる専門的知識の習得**です。仕事偏差値を構成するものの多くはスキルで成り立っているものですが、失敗を防ぐためには、仕事の本質の部分において実力をつけることが必要です。

なぜ自分がその仕事をしているのかを理解していなくてもルーティーンの仕事はこなせるものですが、それでは不測の事態になったときに臨機応変に対応することができません。

仕事上の失敗とは、多くの場合、この仕事の根底にある実力が不足しているために生じるものです。

Rule

27 「失敗」に対処する力で真価が決まる その③『先延ばししない』

古来賢人曰く、「今日できることは明日に延ばすな」。

しかし、これが難しい。

後回しにできるものは後回しにしたいのが私たち凡人。最も顕著な例は、中間テストや期末テストといった試験の準備でしょう。

本来なら毎日予習復習をして試験に備えるのが正しい姿ですが、遊びやアルバイトやサークルを優先して、前日まで引き延ばしてしまうのが大学生。気づいたときにはすでに手遅れになっていることしばしばです。

「ソーシャルトラップ」に陥らない

これは「**ソーシャルトラップ**」といって、私たち人間が陥りがちな心理的な罠によるものです。ご安心ください。私たち平凡な人間は何度となく経験していますので、このような心理学用語が生まれました。「ソーシャルトラップ」とは、「短期的には合理性があっても、長期的には合理性を欠く行動」をするときに用いる言葉で、通常は、地球温暖化や漁業による乱獲といった環境破壊に関する説明をするときに用いられますが、私たち個人が陥る心理的罠に対しても用いることができます。

仕事の場面では期限がついているものから片付けるのが常識ですが、期限がついていなかったり、上司から「いつでもいいから」と言われたりするものに対しては、先へ先へと延ばしてしまうものです。これは「先延ばし」(Procrastination)といって、「PCN症候群」と呼ぶ場合があります。

プライベートの場面では、給料をもらってすぐ使い始める人(先を考えず目前の快楽のために浪費する)や喫煙する人(短期的・中期的に口が臭くなり、長期的にはガンになって寿命を縮める)など、人生において失敗する場合にも使われている心理学の専門用語です。アメリカのデュポール大学の心理学者、ジョセフ・フェラーリ教授は、成人の約20%は「恒常的に『先延ばし』をしている」との結果を発表しています。[*2]

仕事では、優先順位が高いものでも時間がかかる大きな仕事だと、最も簡単で容易

＊2　Joseph R. Ferrari. 2010. *Still Procrastinating: The No Regrets Guide to Getting It Done*. Whily.

な仕事から始めて、後回しにして時間が足りなくなるということもあります。

上司からの「先週頼んだ書類、どうなった？」に対して、部下が全然手をつけていなくても「いまやっているところです」と答え、上司に「1週間前に頼んだはずだけど。なんでできていないの？」と切り返されると適当な理由をつけて自己弁護する……しばしば見かける場面です。

仕事を先延ばししない10の解決策

この問題の解決策は、冒頭にあるように「今日できることは、明日に延ばすな」をモットーにすることです。その種の専門書を読めば、それなりの解決策が書かれていますが、抽象的な解決策の羅列が多くて、実行するとなると難しいものがあります。そこで、ここでは行動につながるもので、比較的容易かつ有効性が高い10の解決策を紹介します。

❶一歩目を早く

仕事が配分されたらとにかく「一歩目を早く」です。仕事は期限が決まっているわけですから、一歩目を早く踏み込めば、全体像をつかんで、どのくらい時間配分すれば良いのかの目安をつけることができます。目安をつけたら、スケジュールを期限から逆算して予定を立てることで、期限内に終了することが可能となります。

❷「認知不協和」に陥らない

「来週月曜日までにやらなくてはならない仕事がある。でもやりたくない仕事である。確かにまだ何も手をつけていない」という状況では、確実に認知不協和に陥っています。やるべき理想と、やっていない現実が存在するのです。

このような場合に「先延ばし」する（認知不協和を解消しようとする）ものなのですが、典型的な例としては「まだ時間があるから大丈夫」「まずは机の上を掃除してから」などと自分を正当化して現実逃避する場合が散見されます。

嫌な仕事に直面すると、机の掃除をして現実から逃げようとする人がいます。やらなければならないものに実直に向き合いましょう。

❸今日やることをリストアップして紙に書く

懐石料理や結婚式の披露宴の食事では、その日に提供されるメニューがテーブルの上に置かれていたりします。胃袋と心に準備をさせる方法です。それと同じ。今日やらなければならないことを箇条書きにして1日の流れをつかみ、その後一つひとつつぶしていけば、効率的に仕事をこなしていけます。

❹自分にアメ（報酬）を与える

上記のリストをひとつ達成したら、自分にご褒美をあげましょう。緑茶一杯でも良いですし、ケーキひとつでも良いです。あるいは午前中に大きな仕事を終えたら、お昼ご飯を500円分豪華にするというのも有効です。たいへんな仕事をしてムチで叩かれた分、アメを与えて自分を癒してあげたいものです。

❺ゴールが早く見えるようにする

大きな仕事の問題点はゴールが見えないこと。終点が見えないと、やる気が出てこないものです。高校1年生は入学したてで大学受験の準備をする気にならず、高校3年生になると受験勉強に身が入るのと同じです。ですから、ゴールが見える位置まで早くたどりつくことが重要です。

❻やりたくない仕事を細分化する

小さい仕事ならば、すぐに達成できますが、大きな仕事となると先延ばしが発生してしまいます。それなら大きな仕事は細分化して、小さな仕事にすれば対応可能となるということです。その中でもやりたいものとやりたくないものがあることでしょうから、やりたいものを先にやって大きな仕事の量を減らしていけば、ゴールが見えてくるものです。

❼いきなり100点満点狙いではなく、80点狙いにする

ゴールが見えるようにするためには、一つひとつに100点満点をとる方法ではうまくいきません。80点、場合によっては60点くらいのできにして、次の仕事に取り掛かるのが得策です。一度手をつけておけば、再び戻って80点を90点に、90点を100点にすることが可能となります。

❽有言実行する

自分がすべきことを、宣言しましょう。恋愛の場面でも頻繁にソーシャルトラップが散見されます。同時に「いい男（女）がいないのよ」「出会いがない」「仕事が忙しい」「不倫している男がなかなか奥さんと別れてくれない」「彼氏と5年付き合っているのに結婚のケの字もないのよ、いまさら怖くて聞けないし」などと言って、最も重要なことを後回しにすることが多いようです。公に自分のこれからすべきことを宣言することで、自分を拘束することになり、ソーシャルトラップを防止することができ

ます。

❾同僚と賭けをする

ゲームのように勝負ごとにし、今日の仕事が午後6時までに終わるかどうかを、隣りに座っている同僚と賭けるというのはどうでしょうか。翌日の昼ご飯をどっちがおごるかを賭ければ、たとえ負けたとしても安いものです。やる気を醸成するという意味ではこれ以上のものはありません。いわゆるひとつの互助会システムの構築です。

❿期限を前倒しする

上司への提出期限が15日の正午だったら、自分への期限をその前日の14日の正午にしておくのです。期限を自分で早めに設定しておけば、上司への期限に遅れることはありません。むしろ、早くやっておいていつでも提出できる態勢にしておけば、上司から「1週間前に頼んだ書類、どうなった?」に対して、「もうできています」と返答できることになります。

このような行動ベースの解決策によって、先延ばしを防止することが可能です。

それでも先延ばしをする人は、先天的な問題を抱えている場合があります。とくに注意欠陥・多動性障害（ADHD）の人には顕著に見られますので、医者に相談するのが最善です。

Rule 28 「失敗」に対処する力で真価が決まる その④『会社を辞める』

失敗に対処する方法として「会社を辞める」という方法もあります。『孫子』の『兵法』にある「第三六計　逃げるが勝ち」というものです。

私たちは、どのような状況で会社を辞めてしまうものなのでしょうか？

サラリーマンである以上、「こんな会社、辞めてやる！」と思うときが際限なくあるものです。どんなに大きな会社の社長さんだろうが、小さな町工場の社長さんだろうが、若かりし頃は何度も「辞めてやる」って思ったはずです。この世の中に辞めたいと思ったことのない会社員なんていません。

実際に辞めてしまう人もいますが、理由はさまざまです。強制的に辞めさせられる解雇以外には、上司とケンカしたからとか、結婚退職とか、その逆に社内恋愛に失敗したからとか、実家の両親が病弱になったので田舎に帰って介護と仕事を両立させるためとか、重度の統合失調症にかかったとか……。

その中で考えておくべきは、仕事の内容と能力に関するもので、辞めたくなる理由を既習した「仕事偏差値」から検討してみましょう。

「仕事偏差値」＞「自分の能力」か、「仕事偏差値」＜「自分の能力」か？

仕事が原因で辞めたいという場合は、与えられた仕事の内容が高度で、自分の能力が追いつかないと思うときです。すなわち、**「仕事偏差値」＞「自分の能力」だと思う場合**です。

入社して3年目くらいまでは、仕事偏差値は常にみなさんの能力を上回るわけですから、ミスばかりしてつらいという状態が続くときがあります。みなさんが原因究明をせずに、失敗から学ばない場合もありますし、そもそも仕事偏差値が高すぎて、短期間でどんなに努力をしても要求水準を満たせない場合もあります。

Chapter 1で述べたとおり、仕事を好きになれないと忍耐レベルが低いので、ミスをしたり上司に怒られたり会社の人間関係がうまくいかなかったりすると、会社を辞めて逃げることで解決を図ろうとする場合があります。欧米ならば、「仕事偏差値」＞「社員の能力」と会社が決めて、解雇という形になるのですが、日本の企業は辛抱強く育ててくれるので、解雇せずに成長を待つ場合があります。

先ほど「思う」という言葉を使ったように、「仕事偏差値」や「自分の能力」は、自分がどのように「思う」かで決定されるものです。本当の偏差値や能力はわかりません。認識の問題です。

そのときどきにおかれた精神状態や、もって生まれた性格によって、自分の能力の評価が変わってきます。とくに悲観的な人は自分の能力を過小評価しますので、辞めたいという気持ちがしばしば生じてしまうようです。

他方、**「仕事偏差値」＜「自分の能力」**という状態も起こります。仕事で要求されるスキルを学び、仕事に関する知識を充分につけ、資格試験に合格し、目に見える形で自分の能力が仕事偏差値を上回る状態になると、仕事に対する充実感や満足感が減少して、仕事に飽きるようになります。このような状態になると会社側が本人を昇進させたり、配置転換をしてさらに新しくチャレンジングな部署に異動させたりするものですが、そのような機会がないと、会社を辞めることで解決を図ろうとします。

会社を辞めるかどうかの意思決定は慎重に

会社を辞めるか留まるかの意思決定は真剣に考えなければなりません。

「仕事偏差値」＞「自分の能力」の場合で、仕事に失敗したときに精神的に落ち込んで仕事を辞めたいと思うときがあります。

　このような場合に会社を辞めるのは、間違った選択です。

　自分の能力がなくても、仕事でミスをしたとしても、偏差値の高い仕事をさせてもらっているのですから、感謝こそすれ、逃げる必要はありません。まして高い能力を要求する仕事は高給でもあるので、自分の能力以上の給料を得ているということになりますので、そのようなおいしい仕事をみすみす捨てることはありません。会社が辞めろというまで、しがみついていて良いのです。

　それでも辞めたいと思ったら、新しい仕事を見つけてから辞表を提出するべきです。辞表を出してから仕事を見つけても、そう簡単に見つかるものではありません。

　なにしろ、現在の仕事偏差値より自分の能力は低いのですから、次の仕事は現在の仕事よりも要求される能力が低く、したがって給料も低いという前提で探すことになってしまいます。それで良いのですか？

　その意味で自分の商品価値を再査定してもらうべく転職活動をしても良いですが、内定を勝ち取って、その内定先と現在の仕事を比べてはじめて、辞めるかどうかの意思決定をする必要があります。**選択肢のない退職は避けるべき**です。


「仕事偏差値」＜「自分の能力」の場合は、どうでしょうか？　こちらには仕事を辞めても良い合理性があります。自分の能力が高くて現在の仕事に満足できない状況ですから、転職で、より高い給料とより高度な仕事とより魅力的な職場を目指しても問題ありません。

ただし、問題がひとつ。

「自分の能力は高い」と思うという問題です。

自分は高いと思うけれど、他の人や他の会社は必ずしもそうは思わないということが考えられます。自分を過大評価する場合は多々あるものです。

そのために2つのことを実践したいものです。

まず、前述のように、転職先が見つかってから辞表を出すことです。転職活動をする過程で、自分の能力が、どの程度他社に評価されているのかわかり、自己評価と他社評価の齟齬がないかはっきりします。

もうひとつは、繰り返しになりますが、日頃から資格試験といった客観的な評価を積み重ねる努力をしておくことです。

自己評価は主観的なものですが、国家試験や検定試験といったものに合格しておけば、ある特定の部分では自分の能力を客観的に判断できます。こちらも主観的評価と客観的評価の齟齬を解消させる方法です。

Rule 29 仕事も恋愛も「視覚的魅力」から! 「見かけ」に投資する

仕事においても恋愛においても、五感的魅力のひとつ「見かけ」の良さが不可欠です。身だしなみを整えることは、五感で最初に来る視覚に訴えるもので、見かけで合格しないと、次の会話につながっていきません。

私たちは第一印象を形成するのにたった0・15秒しか使いません。いったん第一印象が形成されてしまうと、それを覆すのに多くの時間が必要となります。ビジネスの世界では限られた短時間の間にいかに相手を惹きつけるかが基本ですから、その意味でも見かけを良くすることは、ビジネスの世界では成功の秘訣です。

では、第一印象はどのように形成されるのでしょうか? 被験者の目の動きがわかるようにカメラを備え付けて行った実験では、男性は最初に女性の身体の真ん中や下半身、つまり生殖に関して重要な部分を見るのだそうです。[*3] 女性からは洋服をチェッ

＊3 詳しくは、カール・グラマー著、日高敏隆監修、今泉みね子訳『愛の解剖学』（紀伊國屋書店、1997年）。

クしているように見られますが、実はその中身なのです。生殖力をチェックしてから、徐々に顔へと見上げていきます。

他方、女性は逆で、身体の上部、男性の顔を見るところから始まります。顔を見てから、全体へと視線が移ってゆきます。

ビジネスでも、恋愛の場面と同じ行為をします。ビジネスだから男性は女性の体型をスキップして顔だけ見るとか、恋愛だから生殖の部分を見るというふうに使い分けることはできません。男女ともに状況によって器用に使い分けることができないので、女性のみなさんは、男性の課長が本能的に対応したからといって「課長の目、いやらしい」と思わないでください。遺伝子に組み込まれた行動なのです。

まずは見かけを向上させるための数値目標を達成する

見かけが悪いと第一印象で損をして、次の会話がスムーズに運ばないといった危険性があります。見かけとは、身長、体重、体型、顔、衣服といったものがありますが、身長、体重、体型は変えるのが難しいでしょう。日本人の20代前半の平均身長は男性が172センチ、女性が159センチで、体重は男性が66キロ、女性が51キロですが、体型を変えることが難しいことはダイエットをしたことがある男女ならよく理解できるはずです。容易に改善できるのは、「衣服」と「顔」です。

第一に衣服の向上。私たちは身体の大部分を衣服で覆い隠しています。女性の場合は顔もメイクをしていますので、視覚で確認できるものはすべて努力によって向上させることが可能ということになります。入社したてのときは、衣服の数を揃えるのに苦労しますが、徐々にで良いので、品質に優れたものを揃えていきましょう。

目安として見かけの数値目標を提案します。

まずは「衣服の値段」です。早稲田大学で行っている「恋愛学入門」の授業や全国各地に講演に出向いたときに「いま着ている衣服は、合計するといくらになりますか？（下着、靴、時計、アクセサリーを含みます）」と訊くのですが、その結果は毎年、平均で男子が約4万円、女子が5万円程度です。

ですから、**新人の場合には、ワンランクアップで、最低でも7万円くらいのものは身につける**ようにしましょう。携帯電話は除いて、時計やアクセサリーといった装飾品、服、ベルト、靴の値段として、最低7万円くらいの投資が必要ということです。それ以下だと、他者と比較してみすぼらしく感じてしまいます。

さらに他の人たちと差別化を図りたい場合は、10万円くらいまでは引き上げたいものです。衣服に合わせて**靴は10足以上持っていることが不可欠**です。

第二に「顔」は、まずは笑顔が大切。初対面の会話は「はじめまして」から入りますが、**好感度が上がる笑顔が重要**です。人間の第一印象は、0・15秒で形成されることは前述しましたが、そうであるからこそ、最初に仏頂面なのと笑顔なのとでは次への会話がスムーズに流れるかどうかに違いが生まれます。

とくに女性はメイクで顔を整えるのが大切です。残業が多くなり深夜に帰宅するようになると、翌日ぎりぎりまで寝てメイク時間を切り詰めて対応する人がいますが、メイク時間は女性の尊厳を維持する時間です。**毎朝、最低30分は化粧**に時間を使いたいものです。

また女性の髪の毛。**美容院には月に一度**は行き、髪の毛をカットしてもらうことが必要です。2ヵ月に一度も行かない女性がいますが、髪の毛で顔の印象が変わりますので、小奇麗で似合う髪形でなければなりません。顔を引き立たせるために、**「モテ動詞」である「輝く」「動く」イヤリングのようなアクセサリーを身につける**ことも重要です。

なお、女性の間で流行している長いつけまつげと色とりどりのネイルの2つ。男性にとっては単に汚らしいだけで、女性としての魅力を感じないものです。

女性に訊くと「自己満足でやっています」と言いますが、何をどうすれば、高いお金を出して男性に嫌悪感を与えることをして自己満足できるのか、さっぱり理解できません。

Rule 30 わが国特有の企業文化を受け入れる

日本の企業には独特の伝統や文化が存在します。良い伝統・文化もあれば、悪いものもあります。わが国の企業の伝統・文化とは、太平洋戦争後、粛々と受け継がれたものなので、欧米の企業文化からすると、異様な光景に見えるかもしれません。

新人で会社内での地位が低く、非力なみなさんは、日本に特有の企業文化を一人で変えることはできませんので、みなさんに与えられた選択肢は、独特のカルチャーを受け入れるのかどうかです。

もし受け入れないときは、海外に仕事を求めるか、あるいは外資系企業に再就職をするかとなります。

会社にとどまり、独特な企業文化を拒否して生きることは可能ではあります。残業をまったくせずに定時に帰宅し、アフターファイブの社外行事には一切参加せず、お昼ご飯も一人で食べ、法律的に与えられた有給休暇は毎年こなし、会社内でも無駄口はきかず黙々と仕事をこなすなどなど、理論的には可能ではあります。

ただ、このような肩肘張った生き方は日本の会社という組織には馴染みません。好きで結婚した配偶者よりも、職場の人たちとは長い時間を共有することになりますので、しばらくは会社員として生きる道を選んだのですから、その間は、理解し、習得し、染まってみようではありませんか！

次の5つの文化をおさえておきましょう。

1．残業は景気の安全弁で、平社員がやるという文化

欧米諸国では残業は上司がするものであって、平社員がするものではありません。社員が残業をすると残業代を支払うことになるので、ふつうはランクの低い従業員から先に帰宅します。日本の企業の場合は真逆です。部長が先に帰宅してくれないと課長も帰れない、課長が帰らないと平社員も帰れない、だから「部長、早く帰宅してくれないかな」と思う社員がいるのが日本の会社事情です。

わが国の場合、会社が好況であるときには、一人当たりの残業が増えます。本来ならば、好況では従業員を雇うことで解決すべきなのですが、好況によって増えた仕事分は、まずは現有の社員で残業という形で吸収し、それでも吸収しきれないと契約社員を雇うということになるようです。

その反対に不況によって減少した仕事は、残業の減少や配置転換という形で消化して、なるべく従業員を解雇する形はとりません。このように、平社員の残業が景気の安全弁の役割を果たしているのが、日本の雇用の特徴のひとつです。

他方、みなさんも残業は仕事の一部、残業代は月給の一部としてすでに計算されているようで、残業がないと生活できないという生活設計になっている人も多々いるようです。残業は企業にとってもみなさんにとっても必要悪。ないほうが良さそうだけれど、なくなっては困るというものです。

2. 「一芸をやってみろ」という文化

就職活動中でも、面接やOB訪問などにおいて、「なんか一芸できる?」と訊かれたことがあったはずです。新人は、一芸を披露するといった文化があります。

基本的に、「笑わせてみろ」という文化です。瞬間芸にしても、かくし芸にしても、笑わせることによって、仲間意識の醸成、組織の潤滑油にしようとするわけです。

よく言えば、ふだんまじめに取り組む姿とのギャップによって好感度を上げる行動ととれますが、悪く言えば、新人に無理強いして恥をかかせることで上下関係を明確にするという意図もありそうです。

確かに、笑いを共有することによって、一体感が醸成されます。やれと言われたらやる、**会社勤めをするからには一芸をやるという文化を受け入れたということを意味します。**受けの良い一芸のひとつや2つを毎年つくっておくことが肝要です。

3.「とりあえずビール」という文化

会社の集まりでは、「とりあえずビール」というのが、わが国の文化としてあります。会社員にとって乾杯というのはビールで行うものなのです。

近年、大学でのコンパは、食事と飲み放題付きで3000円といったように、安価で行うことができるようになりました。味はともかく安さ抜群のチェーン店ですが、飲み放題ですので、好きな飲み物を注文して、乾杯という手順になっています。どうやら社会人になっても、大学時代の延長で飲み物を注文するケースが散見されます。とにかく早く乾杯して喉を潤すという文化であるところに、飲み放題文化が流入してきてしまったものですから、先輩方は大きな不満を抱えています。

とくに女性。「飲み物は何にする?」に対して、「カシスオレンジ、お願いします」などとカクテルをいきなり注文する人がいますが、好ましくありません。

とにかく、一杯目は「とりあえずビール」です。メニューに何があろうと、選んではいけません。

アルコールを飲めようが下戸であろうが、とりあえず最初はビールで一刻も早く乾杯するのが礼儀であり、日本の文化です。好きでもないものを飲ませるのは強要だなどと理屈をこねても、「気が利かない社員」「面倒くさい人」になって村八分になるだけ。2杯目からは何を飲もうと結構ですから、最初だけは会社の儀式に従ってください。

4．他人のために汗をかく文化

日本の企業の伝統として、通常の業務の範疇には入りきらないものがあります。新入社員の歓迎会、退職する社員の送別会、お花見の季節の飲み会などなど、社外行事がたくさんあります。お花見の場所取りは、伝統として、新人が行ってきました。現在の課長や部長も、新入りの頃には、会社の飲み会の幹事は彼ら彼女らが行ってきたのです。年功序列はこういうところで生きているのです。

夏休みの優先順位も同じです。年配の人たちに優先権があり、新人は残った日にちに夏休みを入れるのが慣習です。いままでそのように行われてきたのですから、みなさんは自分たちが年配になるまではじっと我慢するしか方法がありません。

ゆめゆめ「不公平です。くじ引きで決めましょう」などと提案しないように。

5．酒と麻雀とゴルフがプライベートの潤滑油という文化

社外行事で最も重要なのは、「飲み会」です。会社帰りに一杯、という文化は新入社員でも、社長さんでも定年まで続きます。付き合いが良い人、悪い人というものがある以上、付き合いが良い人になりたいものです。あまり気乗りがしない上司もいますけれどね。おごってくれるなら、遠慮なくおごられちゃいましょう。

その他の社外行事の中で、とくに男性にとって重要なのは、麻雀とゴルフです。麻雀もゴルフも一定の人数が必要です。麻雀は必ず4人いなければなりませんし、ゴルフも4人1組がベストです。両方とも賭けごとになりますので、プレーをすればおのずと性格が現れるものです。

麻雀の場合には、たとえば、メンツの一人が10順目にリーチしたときに、どのように対処するかで冒険型なのか保守的なのかが一目瞭然になります。多少の危険を冒しても追っかけリーチに行く人、ベタ降りになる人、さまざまです。リスクに対する性格を知る上では最高のゲームのひとつです。

ゴルフも同じです。本来は4人1組で行うスポーツですので、運動を楽しむもので

すが、一緒にプレーして楽しい人や、逆につまらない人もいます。ゴルフは我慢のスポーツですので、その我慢を顔に出すと険悪なゲームになってしまいます。また、ティーショットがラフに入ったときにどのように対処するかでも性格が現れます。思いっきり振ってグリーンを狙うのか、とりあえずフェアウェーにのせるのかの選択があるときに、前者はリスクテイカーになりますし、後者は保守的な人となります。

麻雀人口もゴルフ人口も減少傾向にありますが、ビジネスパーソンとして両方習得しておくと、上司の好みに対応できて、仲良くなることができます。気持ちいい麻雀やゴルフをする人は素敵です。

Rule 31 恋愛や結婚も目的を持って行動する

仕事をしている身であれば、誰でも、３つの投資原資のうち、時間と労力の制約があります。それにもかかわらず「自然な出会い」で結婚に至りたいという願望を持っている男女が散見されます。

奇跡的な出会い、熱烈な恋愛を経て結婚に至るとはたいへんロマンチックですが、これがたいへん難しいのです。

恋愛や結婚がしたいのであれば、まずは自然な出会いが難しい時代に生きている事実を認め、異性獲得の場面でも、目標を設定して恋愛を成就していきたいものです。

出会う努力をしなくてはならない時代に生きている

一昔前には、恋愛の努力をしなくても結婚ができる有り難い制度がありました。「お見合い結婚」という制度でした。街の世話やきおばさんがいて、男女のお見合い写真が略歴付きで集まり、「釣り合う」ように男女が選別されて、仲人を通じてお見合いをして結婚に至るというシステムでした。たとえば、１９３０年代では10人中7人がお見合いで結婚していましたし、１９６０年代であっても半数がお見合い結婚でした。ところが現在では、20歳代の男女がお見合いで結婚をする比率は全体の１％未満。恋愛によって結婚する以外に結婚に至る方法がほとんどないのです。

恋愛をするためには、年相応の未婚の異性に出会うことが必要です。確率的には非常に少ないのですよ、これが。

たとえば、ここにあなたの相手として、1万人の異性が任意に抽出されたとします。この中に相思相愛になる相手がどのくらいいるかわかりますか？　確率を計算してみましょう。

まず、みなさんは年齢を気にするでしょう。年齢差30歳というのは非現実的ですよね。仮に許容範囲を広めの5歳差以内とすると、日本の人口構成からすると、これだけで5％となってしまいます。日本人の平均年齢は約45歳ですから、任意の出会いを求めるとおじさん、おばさんになってしまうのです。5歳以内であれば５００人です。

そのうち、結婚しているかあるいは恋人がいる人がおおよそ半数、２５０人です。みなさんは大卒ですから、大卒の女性は大卒の男性と結婚する確率が非常に高い（約

80％）ですから、お互い大卒同士で結婚するとしておきます。ということで現在の大卒は60％くらいの割合ですから、250人×60％＝150人となります。

1万人であったのが、年齢5歳以内、独身で恋人がいない大卒の異性となると、すでに150人と激減してしまいました。条件面だけでの数字です。

ここからさらに、

❶一緒にいて楽しいといった、性格の相性が良いのか
❷価値観が一致するのか
❸生理的に受けつけるのか
❹見かけが最低限良いのか
❺相手も自分のことを好きになってくれるのか
❻デートの時間を充分につくれるのか
❼勇気を出して好きと言ったりプロポーズしてくれるのか

を考えなければなりません。各々の確率を50％とありえないくらい良い確率で計算すると、0・5の7乗となり、0・78125％となりますので、150人にこのパーセンテージを掛けると、約1・1人となります。

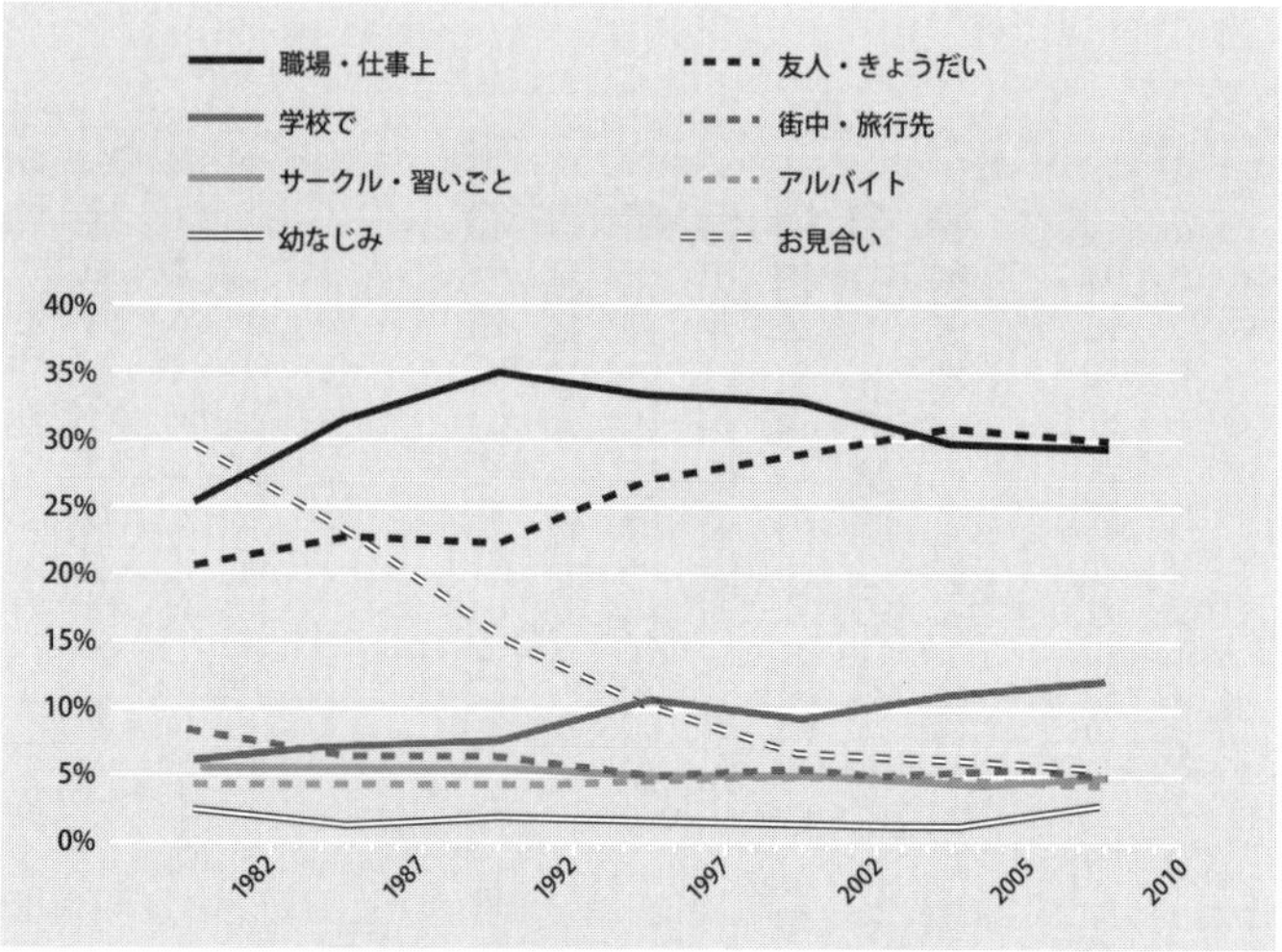

図表４－２　配偶者との出会いのパターン

１日に１人新しい出会いがあると仮定すると、相思相愛の相手が見つかるのには約27年かかるということになってしまうのです。「自然に出会う」恋愛がいかに難しい世の中だか理解してもらえましたか？

「効率的な恋愛」を目指す

自然でない出会い方とは、効率的な出会いによって相思相愛に結びつける方法です。年齢が５歳以内で、独身で恋人募集中の異性が大量にいるところに自分が率先して出かけていくことが求められる時代ということです。たとえば、学校です。大学時代は４年間あって、ほとんどの学生が５歳以内の年齢差をクリアしています。授業やサークルといった場所において、新しい出会いが可能です。

図表4－2にあるとおり、社会人になると、職場・仕事上を通じた出会いと、友人・きょうだいを通じた出会いの2つが最も重要な出会い方となります。[*4]

職場・仕事上を通じた出会いとは、同じ会社内や取引先の異性ということになります。日々仕事を通じて会話をすることが可能であることから相手をよく観察できるというメリットがあります。

「友人・きょうだい」を通じた出会いとは、現在では、同級生の紹介、合コン、結婚式の二次会、ゴルフコンペなどが考えられます。もし友だち同士で異業種パーティー、習いごと、街コンに参加したら、この範疇に入るかもしれません。21世紀に入って最も増加している出会いのパターンです。

いずれにしても、恋愛がしたいのであれば、恋愛をするという目標を定めて「恋愛市場」に参加することが必要となりますし、結婚をしたいのであれば、「結婚市場」で自分を売らなければなりません。自然に恋愛や結婚ができる時代は、一部の優良物件の男女以外は難しい時代となったのです。

＊4 ― 国立社会保障・人口問題研究所『第14回出生動向基本調査』より。

Chapter 5

日本のエリートになる

最終章であるChapter 5は、一段上を目指したエリートとして生きる道を伝授します。「エリート」という言葉を快く思わない方もいるかもしれません。嫌なら「小者」の反対の「大物」ではどうでしょうか。平凡の対語の「非凡な人」でも、大きなことを考えて大きなことをする人でも良いです。あるいはRule12で使った「すごい人」とも類似語です。

言葉の良し悪しはどうであれ、現実にエリートは存在します。

この日本という国を動かしている人です。日本人が現在1億2700万人でも、政治や経済や社会や文化の面において多大に影響を与えている人々というのは存在します。

みなさんの中に、いずれはエリートになりたいという人がいるはずです。日本という社会に悪影響を与えるエリートになっては困りますので、日本を正しい方向に導いてくれるような人材になってほしいものです。その意味で、エリートであるならば実践してほしいことがあります。Chapter 5では、エリートにふさわしい考え方、生き方を提案しています。

なお、エリートとは、世の中の動きをマクロの視点から考えることができる人です。その意味で、Chapter 3のマクロトレンドは充分に理解しなければなりません。

Rule

32 エリートになる道を選択する

『論語』の孔子曰く、「吾れ十有五にして学に志ざす。三十にして立つ。四十にして惑わず。五十にして天命を知る。六十にして耳順《したが》う。七十にして心の欲する所に従って、矩《のり》を踰《こ》えず」。孔子のように30歳と期限はつけませんが、一度きりの人生、せっかくですから一段上の「エリート」の道を選んではどうでしょうか？

「平凡」から脱却する人生を

平凡を目指していると、正直に言えば、しばしば見かける中年の夫婦みたいになります。

平凡な夫婦とは、外から見ると、30歳前後で結婚して、子ども2人を設けて、夫婦仲良く幸せな家庭を築くというものです。ひとつの憧れの家庭ですね。でも、その中身はというと、苦労が絶えないものです。

現実には……。たくましくはないが優しい男と、料理がそれほど上手ではないが元気の良い女が結婚し、子どもができると妻は専業主婦となり、夫は「一生愛するから」と誓ったにもかかわらず、奥さんに知られることなく貯めた裏金のポケットマネーで浮気をするか風俗に通い、40代で通勤に満員電車で1時間半かかる郊外に一軒家を建てるもののウサギ小屋と呼ばれるくらいの小ささで、子どもは学校でいじめられるかいじめるために問題をおこし、夫婦の愛情は冷めて空気のような同居人となり、離婚はしたいが子どものためという口実で離婚は切り出さないが口ゲンカがたえず、その後は口も最小限しかきかなくなり、セックスレスとなり、会社ではせいぜい課長か部長待遇どまり。

夫は定年が近づくと関連会社に出向を命ぜられ、つつがなく定年を迎えられても、その直後から奥さんに「ぬれ落ち葉」と呼ばれてないがしろにされるか、定年離婚を切り出されるかのどちらか……。

よしんば「人類愛」にあふれる奥さんと結婚を継続できたとしても、夫婦水入らずの海外旅行はほとんどなく、むしろ奥さんのほうは仲良しの奥さん同士で国内温泉旅行を楽しみ、独立した子どものうち一人は結婚してくれたが、孫の数はせいぜい2人、孫の顔を見るのも1年に2回だけ、80歳を過ぎると妻は夫に先立たれてほっとはするものの同時に寂しさを感じ、人生の最期は一軒家での孤独死か老人ホームで息をひきとる。これが現実です。

誰も家庭内の恥はことさら喋らないので、他人にはわかりませんが、多くの平均的家庭というのはこんなものです。このような先の見えた平凡な人生を送りたいですか？

それとも、これからお話しするように、自分を信じて一段上のエリートを目指すのはいかがでしょうか。その道は容易ではありません。すごくたいへんです。

でも、トライする価値は、あります。

ハイリスクをとるとは、どういうことか

平凡なあなたがエリートになるには、2つのうちのどちらかの道をとらなければなりません。ひとつは人生のどこかでハイリスクをとること、もうひとつは、一点集中投資をして成功することです。

まずは、ハイリスクをとる方法です。Chapter 1のRule 01で、意思決定の難しさの話をしました。もう一度、みなさんに考えてもらいます。図表5－1のような人生の選択肢があるときに、どれを選びますか？

選択肢Ⓐ	100%の確率で、300万円もらえる。
選択肢Ⓑ	50%の確率で、700万円もらえる。(残りの50%はゼロ)
選択肢Ⓒ	10%の確率で、4,000万円もらえる。(残りの90%はゼロ)

図表5-1　人生の選択肢

保守的な人は100%の確率で300万円もらえる選択肢Ⓐを選ぶはずです。しかし期待値でいえば、選択肢Ⓒに合理性があります。Ⓐは300万円、Ⓑは350万円、Ⓒは400万円ですから、Ⓒを選ぶことが最善の選択となります。

とくに再挑戦が可能な状況だったらどうでしょう。たとえば、5回挑戦できることができたら、選択肢Ⓐをとり続けますか？　選択肢Ⓐは常に300万円ですが、選択肢Ⓑは、5回挑戦する場合には、2・5回は700万円がもらえ、選択肢Ⓒの場合には40・951%の確率で当たります。[*1]逆に選択肢Ⓒで確率を50%に引き上げたいと思うならば、7回挑戦すれば、50%を超えることができます。ですから、自分の人生を飛躍的に上昇させたいなら、再挑戦が可能である状況では、リスクが高くても期待値が大きいほうを取ったほうが賢明です。

ただし、ひとつ問題が生じます。それは失敗したときに精神的なダメージを受けるということです。

＊1　数式化すると、選択肢Ⓒの確率は、1－(9/10)ⁿであり、n=5として、1－(59,049/100,000)＝0.40951となります。

選択肢Ⓒを選んだとしましょう。そこで残念ながら10％の中に入れなかったとします。すると、「やっぱりダメか」となりますよね。そのときの精神的ダメージが大きくて再挑戦を諦めてしまう危険性があります。「私が間違っていた。無謀だったかも」と思い、2回目では100％確実な300万円の選択肢Ⓐをとってしまうことになります。

1回目に選択肢Ⓐをとった保守的な人はあなたに対して「ほら、見てみろ。無謀なことをするから、こんな無様な姿になるんだ。よく覚えておけ」と勝ち誇ったように言ったりします。発言者が自分を正当化するためです。

子どもを気遣う親としても、失敗した子どもの苦痛を見ていられませんので、「そんなバカなことはやめて、まじめに生きたらどうだ」と諭してきます。親も自分の人生を正当化しなくては生きていけませんので、自分の価値観を押しつけます。

このような圧力に負けないで、2回目、3回目もハイリスク・ハイリターンの選択肢をとれるのかどうかが、みなさんの人生を決定します。精神的に強くなくてはハイリスクを選ぶことができません。

しかし、リスクをとることができれば、逆に「確実に」選択肢Ⓐを上回ることができるのです。たとえば、再挑戦の機会が100回与えられれば、選択肢Ⓒの場合には確率的には10回当たることになりますので、トータル4億円になります。選択肢Ⓐは

100回の挑戦で100回当たるのですが、3億円にしかなりません。選択肢Ⓑは50回当たる確率ですので、3億5000万円となります。

精神的に追い詰められても選択肢Ⓒをとり続ける精神力とはどのようなものなのでしょうか?

結局、自分に自信が持てるかどうかです。

確率ですから、どんなに自信があろうとなかろうと10%に変わりがありません。自信があるから20%になり、自信がないから5%になるというものではありません。10%は不変です。

しかし、自分に自信を持つことができて泰然としていられれば(これを**「根拠のない自信を持つ」**といいます)、再挑戦という行動を起こすことができます。躊躇することもないでしょう。なにしろ、何度負けても「自分なら絶対に当たる」と思いこんでいるわけですから。

この無謀な自信というのは、人生でとてつもなく大きな武器になることがあります。コインの裏側として「おっちょこちょい」という部分も否定できません。他者から見ると、無謀な賭けをしているふうに見えます。でも、ときには、おっちょこちょいが人生の成功者になるのです。

選択肢Ⓒを選択して、1回目に失敗した場合、2回目の再挑戦でも成功の確率は変化せずに10％と仮定しました。しかし、実際には失敗から学ぶことが可能であり、その次に再挑戦したときの確率を飛躍的に増大させることができるものです。1回挑戦して失敗してから学ぶことによって成功確率を50％押し上げると仮定すると、1回目は10％の成功率でも、2回目は15％になり、3回目は22・5％になります。失敗から学ぶ経験値を50％と仮定すれば、5回挑戦すれば50％を超えることになるのです。[*2] 失敗から学ぶ経験値がゼロとおいたときよりも3回も少なくて済みます。

ときには一点に集中して投資する

エリートになるもうひとつの方法は、自分の持つ投資原資を一点に集中させて投下することです。

投資原資は、お金、時間、労力でした。通常は、自分がしたい複数の行動の中に適宜この3つを配分させるのが人生の生き方です。趣味やデートや勉強といったものに対して、時間と労力とお金を適宜配分して生活しています。

もし目指すべき大きな夢が見つかったら、他のものを犠牲にして一点に集中して目的達成に向けて行動することになります。

たとえば、もし仕事をしながら公認会計士の国家試験に合格したいと一念発起したら、趣味や恋愛はしばらく犠牲にし、公認会計士になるための予備校に通い、仕事が終わったら直帰して、睡眠時間を削って合格のために勉強しなければなりません。

当然のように、合格には１００％という確実性がありません。ですから、一人きりの孤独な戦いの上に、投資の上のリスクもとらなければならないという二重の難しさがあります。リスクテイカーであると同時に、孤独に耐えるという精神的なタフさも求められるということです。

ただし、苦労は一生続くというわけではありません。合格するまでのほんの数年といったところです。体力があり、頭が柔軟で、未婚である20代でこそ可能な挑戦です。人生一度きり、ぜひ果敢に挑戦してみてください。

＊2　1回目に成功する確率が10％で、1回失敗するごとに成功する確率が5割増えていくという点を公式化すると、(n－1)回失敗したときのn回目に成功する確率は、$1/10 \times (15/10)^{n-1}$ となり、最終的に $1/10 \times (3/2)^{n-1}$ と一般化できます。したがって、成功する確率が50％を超えるときは、上記の方程式を解けば良く、n＞4.97で、nは整数なので、最小のn値は5回となります。

Rule
33 エリートの生きる道は、仕事の延長線上にある

現代では、専門分野が細分化されて、一人の人間ができることの範囲が狭くなってきています。16世紀のレオナルド・ダ・ヴィンチのように、芸術家であり、建築学者であり、数学者であり、解剖学者であり、さらには戦争学にも精通し天才的能力を発揮するということができなくなりました。

ひとつの分野が狭くて深いものですから、とりあえずはひとつに秀でるのがやっと、アインシュタインもダーウィンもニュートンも一芸に秀でただけ。

みなさんは天才ではないけれど（たぶん）、アインシュタインと同じことをしていることになります。アインシュタインの場合には、夢中でやっていたものが、そのままずるずると長期的になっていったということだけです。理系の場合には、ひとつの専門分野を極めると後世に名を残すことができるのですね。

いまのみなさんはエリートの卵です。

どういうことかというと、まだ本質的目的を見つけていないでしょうし、目的を遂行するための目標も何も達成していません。仕事における能力も仕事偏差値と同じくらいか下回っている状態です。専門的知識の習得もまだ不十分です。

しかし、将来的には、中期的な本質的目的が見つかって、目標を立てて達成することができたら？

さらに「仕事偏差値」＜「自分の能力」であるのに、昇進や昇給が追いつかないで不満に思ったら？

仕事にかかわる専門的知識も充分すぎるくらいに持てるようになったら？

ひとつの井戸を掘って地下水を見つけた時の、次の選択とは？

「ひとつの井戸を深く掘れ」という格言があります。ひとつのことに集中してとことん突き進むと地下水に突き当たることができます。広く浅くでは、たどり着くことができません。さて、それではひとつの井戸を深く掘って水に突き当たった後はどうしたら良いでしょうか？

私の元ゼミ生の中に市議会議員になったN君がいます。N君は埼玉県の10万人が居住する武蔵野に位置する市の最年少議員であり、本質的目的として言うなら「市議会の中で一番の政策通になる」を実践しているかのようです。確かにふだんは温厚な男性ですが、地方政治や政策の話をするときは目が輝きます。市内の政治問題、有権者の動向のことなら何でも知っている、知ろうとしているといった感じです。市内の予算、高齢化問題、公共事業、国政とのかかわり、市の将来などについて熱く語ることができます。政治の仕事に生きがいを感じていて「自分は為政者として『自分の生きる道』を極めるんだ」という気概が現れています。

さて、N君の人生の次のステップはどうすべきなのでしょうか？　このまま市議会の議員としてコミュニティーのために尽力するという選択肢があります。あるいは、県議会選挙、さらには国政選挙に出馬して、もうひとつ別の井戸を掘るという選択肢もあります。どちらの道をとったとしても、「エリート」の道に通じています。

では、新しくラーメン店を始めるというのはどうでしょうか？　これは難しいですよね。無謀とも言えるかもしれません（でも、それをやってしまう人がいるんですよ、ときどき）。

どのニッチを選び、極められるか

ラーメン店の起業は極端ですが、確実に言えることは、いま勤務、あるいは内定している会社に業界内でニッチがあり、そのニッチに入って仕事をしているのがいまのみなさんであるということです。ですから、すでに専門性を習得しつつあるという状態です。

好むと好まざるとにかかわらず、すでにエリート人生のレールが、現在の仕事（あるいは内定した会社）という形で具現化されているのです。

船に例えれば、船上で航海しているのがみなさん一人ひとりです。大きな船もあれば小さな船もある。北に向かっている船もあれば、東に向かっている船もある。いずれにしてもその船の一番後ろのほうで一所懸命働いて船長室を目指しているのがみなさんです。小さな船だと波の影響を受けやすいですが、船長室までは近いです。大きな船だと波なんか蹴散らして進むことができますが、船長室まではとても遠いものです。

いまの船（会社）から別の船に乗り換える（転職する）というのは、船の大小や方向性も違うということになります。ただ、その船で必要とされるスキルが同じだったら、自分のニッチを築くことができるのではないでしょうか？（ただし、元ゼミ生の中に地方公務員だったのが、医者になりたくて一念発起して医学部に入りなおした男性もいますが、極めて例外的です）

そもそも会社に採用されたのは、あなたに見どころがあったということです。あなたに将来性があると会社の人事が判断したのです。

だったら、これからの人生、転職するにしても、会社に残って専門性を磨くにしても、とりあえずいまの仕事にニッチを築けるかどうか極めてみるのが得策です。

Rule 32ではハイリスク・ハイリターンの選択肢を選択する必要性を強調しましたが、ハイリスクからミディアム・リスクに移行させることができるのが、現在の仕事の延長線上ということです。

この本のテーマのひとつである「人生を納得して生きるためにはどうしたらよいか?」の答えは、最終的には、現在の仕事の延長線上における自己実現という形になっていくと言えるでしょうか。

もちろん、突然のラーメン店の起業のように、船が東に向けて航行していたのを大転換して西に向かう船に乗り換えることもできますよ。でも、その場合には、いままで積み上げたスキルや投資した時間や労力の多くが無駄になります。ハイリスクがスーパー・ハイリスクになるということです。

移動中の船に乗組員として乗船してしまった以上、少なくとも3~5年は本質的目的を遂行し、自分のニッチを築けるのか試してみて、その後に、自分の将来を真剣に考えてみるのが賢明な生き方だと思うのですが、いかがでしょうか。

Rule 34 エリートは最高の教育を受ける

いままでの人生、幼稚園から大学までは教育を受ける立場、インプットの時代でした。みなさんはきっと学校の勉強であるインプットは得意だったに違いありません。知識を吸収する喜びを知っているはずです。

そうであったなら、いっそのこと、最高の教育を受ける可能性を模索してみたらいかがでしょうか？　ビジネス界でエリートになるべく仕事をしているわけですから、たとえばＭＢＡ（経営学修士号）について考えてみるのもいいと思います。

経営学の分野ではアメリカが圧倒的に抜きん出ているので、ハーバード、イエール、プリンストン大学といったアイビーリーグ、西海岸ではスタンフォードやカリフォルニア大学といった名門私立大学があります。修士号の後には博士号という選択肢も出てきます。

大学院への応募資格について知っておく

アメリカの例をとってみると、修士号を取得するためには、ほぼ一律の入学要件があります。

❶願書　まず願書を取り寄せます。大学院のサイトに入り、ダウンロードできるようになっています。所定の願書に履歴書的な内容を書き込みます。

❷成績証明書　次に、大学の成績証明書が必要となります。最低でも3・0のGPAが必要です。日本の大学の成績もインフレ傾向にあるので、GPA＝3・0以上というのはそれほど難しいことではないはずです。

❸TOEFLのスコア　大学院では英語で講義が行なわれるので、英語の能力を測るTOEFL iBTの試験を受けて、100点以上獲得しなければなりません。120点満点の100点以上ですから、相当の英語能力を要求されます。TOEFLではReadingのみならずWriting、Speaking、Listeningの能力も試されます。

❹GMATやGREのスコア　大学院の専門科目によって異なる試験を受験して、所定の点数を獲得しなければなりません。経営学ならGMAT、法学ならLSAT、医学ならMCAT、それ以外の大学院ならGREという名前の試験を受けます。だ

いたい8割くらいはとりたいものですが、日本人にとっては英語のハンディがあるので、数学的分野で満点をとり、英語力が問われる他の分野ではそれなりの点数をとるということが求められます。数学が（最低でも算数が）得意であるということが不可欠です。

❺推薦状　推薦状3通が必要です。大学院によっては2通ですむところもありますが、3通用意するのが一般的です。そのうち2通は大学時代の先生、1通は会社の上司からもらうのが良いでしょう。

❻志望理由書　志望理由書が必要です。なぜその大学のその研究科を受けようとしているのか、なぜ自分は大学院に入学するにふさわしいのか、入学したら何を学びたいのか、卒業後は何をしたいのかについて書いたエッセーが必要となります。唯一主観的なアピールができる分野なので、やる気を前面に出すことが大切です。

最大のハードルは授業料？

右記の6つの他に、大学院に入学が許されると、授業料を払わなければなりません。これがおそらく大学院進学を躊躇する最大の理由です。近年、アメリカの大学院の授業料は高騰して、たとえばハーバード大学のＭＢＡプログラムの場合には、年間の授業料が8万ドル（約800万円）、寮に入ると仮定してその寮費と食事代でさらに2万ドル、合計すると日本円で1000万円が必要となります。MBA取得には2年かかるので、総計では2000万円となります。入学したところで卒業できる保証がないので、ハイリスクな投資です。

しかし、もしハーバード大学のMBAを取得できれば、おそらく一生食いっぱぐれることはありません。2000万円はすぐに元が取れるのですが、初期投資できるだけの財力があるかどうかが問題となります。

ハーバード大学に入れる学力を持ちながらも、大学院の程度を州立大学くらいまでに落とせば、奨学金をもらえる可能性が出てきますので、お金が理由で大学院に行けないのであれば、そのあたりを妥協することで留学を実現することができるでしょう。

お金が理由で留学を諦めるというのは実にもったいないこと。

学力が足りずに大学院に行けないのなら諦めざるをえませんが、お金が理由というのは現実にはそれほど多くはありません。

親のすねをかじっている人も散見されますし、学生ローンを組んで卒業後に返済する学生もいます。

あるいは、大きな総合大学では必ず日本語学科が設置されていますので、日本語の助手をすることで授業料を免除してもらうこともできます。一流の大学に行く学力があれば、民間の奨学金制度を利用して大学院を卒業することも可能です。

ただし、その場合でも最初の1年分の授業料くらいは持参して留学したいものです。お金の備えが万端だと、憂いが少なく勉強に集中できます。海外で最も頼りになるのはお金ですから。

私の経験でいうと、大学卒業後に外資系銀行に勤務していた2年目に、ぜひアメリカの大学院で政治学を学びたいという欲求が強くなり、1年間かけて大学院に入るためのTOEFLとGREの勉強をして、所定の点数を出すことができました。7つの大学院を受けて、最終的にはボストン大学の大学院に行くことに決めました。授業料と生活費は、銀行員時代に貯めたお金でまかなうことができました。

当時は大学院の授業料がそれほど高かったわけではありませんが、円ドルの為替レートが270円くらいだったために、予想以上の出費となり、修士号を取得した時点でいったん帰国して、再び会社勤めをしています。その間にアメリカの大学院の博士課程に応募して、オレゴン大学から奨学金付きで入学が許されたので、博士課程の3年間は授業料と生活費には自分のお金を使うことはありませんでした。

Rule 35 エリートは政治に興味を持つ

若者は総じて政治に無関心ですが、エリートになる以上、無関心ではいられません。わが国は、政治制度として間接民主主義を採用していますので、政治は誰か他の人がやってくれるものという感覚になりがちですが、政治家は有権者が選ぶものなので、私たち自身が政治に関心を持っておくことが重要です。

私たちはいずれ政治に関心を持つようにはなるのですが、エリートになるならば、今すぐ政治に関心を持ちましょう。

政治的な関心が上がるのは前述した「ライフサイクル効果」によるところが大きいです。大学までの親から援助を受けている状態では政治には無関心ですが、自分でお金を稼ぐようになり給与明細書を見ると、所得税や地方税といった税金が取られていることを自覚します。すると、税金がどのように使われているのかに関心が向かっていきます。その税金、つまりみなさんから強制的に徴収された「年貢」が正しく使われているのか、それとも無駄になっているのかを知りたいと思うようになるものです。

さらに、結婚して子どもを持つと、子育てや子どもの将来について関心が向き、教育問題にも関心を示すようになります。当然、給料が上昇していきますから、さらに税金も増えて、ますます政治に関心が向くということになります。政治に関心が向けば、自分の持つ1票の重さを自覚し、政治的な知識も増えて、投票所に足を運ぶ可能性も高くなります。

20代だからこそ政治に関心を持たなければならない

わが国の人口ピラミッドは逆三角形で、そのため若者の人数が少ないのに加えて投票率も低い（他方、お年寄りは人数も多く投票率も高い）ので、選挙区において命がけで当選を目指す政治家にとっては、若者への予算配分は薄くして、実質投票数の多いお年寄りに手厚くという政策を行うことになります。当然です。みなさんだって政治家になったら同じことをするでしょう。[*3]

私は2009年に『若者は、選挙に行かないせいで、四〇〇〇万円も損してる⁉』（ディスカヴァー携書）という本を書きましたが、現在では4000万円どころか、

＊3　近年の衆議院選挙では、20代では3人に2人が棄権していますが、最も投票率が高い50代では、5人に4人程度は投票しています。

最も多く得をしている1945年以前に生まれたお年寄りと1984年以降に生まれた次世代有権者との差は1億円を超えているという試算もあるくらいですから、政治的無関心はみなさん自身に直接的にかかわってきています。[*4]

政治とは、内政と外交の2つに大別できますが、関心を持つものは何でも良いです。仕事に関係したことなら景気の動向といった経済問題や雇用問題になりますし、もし外交に興味があるならば、防衛問題や二国間外交、国際機関を通じた多国間外交というふうになります。国会議員になっても、すべての政治問題に精通しているわけでは決してありませんので（単に知っている振りをしているだけです）、みなさんも自分が関心を持つ領域にのみ特化して知るということで充分です。

いずれは政治家に直接的に影響を与えるようになる

そもそも日本の国政は、どのように機能しているかご存じですか？　間接民主主義ですから、有権者の意向を反映して、選挙によって選出された代議士が、日本のために政治を行っている、というのが模範解答です。中学校の教科書でも高校の教科書でも、メディアでも、このようなとらえ方で政治の動きを見ているようですが、このような理想像から政治を見ていたら、政治の本質は見えてきません。

代議士とは自分の選挙区で当選してなれる職業なので、基本的には国益よりも自分の利益を考えて政策を打ち出すものです。各選挙区で事情が異なりますが、たとえば農村部では、第一次産業従事者、建設業者、自営業の方々、お年寄りで過半数を超えますので、農業を保護し、公共事業を誘導し、「お年寄りが安心して暮らせる地域づくりを！」と訴えかけます。他方、都道府県の一区のような都市部では、規制緩和、税制改革、法人税減税といったような政策をアピールしたほうが当選する確率が高くなりますので、玉虫色に書かれた所属政党のマニフェストを拡大解釈したり、メリハリをつけてアピールしたり、ときにはマニフェストには反対だと明言することで、自分のカラーを出していきます。

とにかく目的は当選することです。当選しなければ、多大な借金をかかえた失業者になってしまいますので、政治家は命がけで当選を目指します。

みなさんはいずれこのような政治家と直接的に知り合いとなり、自分の考えをアピールできる立場になることも可能です。

地方政治や国政に影響を与えることができるのです。さらにはみなさん自身が政治家になることもあるでしょう。

＊4 詳しくは島澤諭・山下努著『孫は祖父より1億円損をする』（朝日新聞出版、2009年）。

若い頃から政治が国民に与える影響を知り、自分が政治家を通じて影響を与える人物である自覚が必要です。その意味でも、いまから政治の仕組みを学んでほしいのです。

愛国者になる

とくにわが国の政治案件の中で最も重要なものは外交政策です。ぜひわが国を愛する有権者になっていただきたい。日本に生まれて日本に育ったわけですから、自国をしっかり守ることも大切です。

「愛国者」というと悪いイメージでとらえる人が多いですが、自分の国を大切にすることが悪いわけがありません。自国の領土を守ることも当然重要です。私たちが住む国で安全に暮らすためには、脅かす存在に対して毅然たる態度を持つことが不可欠なはずです。

そのためにも政治をしっかり学んで、日本という国家のあるべき姿について自分の意見を持ち行動することを期待しています。

Rule 36 エリートにふさわしい嗅覚と味覚を磨く

「自分磨き」という言葉があります。エリートにふさわしく自分を高めていきましょう。

では、何をすべきか。繰り返し述べてきたように、私たち人間が人を評価するときには、五感を使っています。視覚、聴覚、嗅覚、味覚、触覚という五感を磨く、鍛えるということが重要になります。

視覚と聴覚と触覚については、社会人なら誰でも当然すべき「自分磨き」です。見かけを良くする重要性はChapter 4で述べましたし、聴覚を使う、正しい言葉遣いや相手を魅了するプレゼンテーションスキルは当然必要です。「汚い」「きもい」といった相手に感覚的な嫌悪感を与えないことも社会人としては当然です。

五感のうち嗅覚と味覚が残りました。エリートであればあるほど気をつけたい感覚です。

「クサイ人」は×！　嗅覚に敏感になろう

まずは嗅覚です。女性社員がよく言うではありませんか、「うちの課長、どうしてあんなにクサイんだろう？」とか、「靴下のくささ、殺人的だよ」とか。

ビジネスマンとしての基本的なマナーは**「無臭」でいること**です。現代社会ではこれが非常に難しいのですが、なるべく無臭でいてほしいものです。ニンニクを食せば臭くなるし、喫煙をすればこれも悪臭を放ちます。したがって、ニンニクといったにおいの強いものは極力さけるべきですし、喫煙はエリートとして恥ずかしい行為です。

香水は良いようですが、香水をつけると恋愛の場面では逆作用となります。恋愛とはお互いの体臭を嗅ぎ合うというのが大切なプロセスで、体臭がいいにおいなのかくさいのかで、血の相性（ＨＬＡ遺伝子）を確かめているのです。相手の体臭がいいにおいと感知すれば、お互いの血が遠いということですし、くさいと感じたら、血が近い、すなわち近親の可能性があるということになります。ですから、私たちの遺伝子の相性を体臭を通じて確認し合うためには、男女ともに無臭でいる必要があるのです。

また、みなさんも**歯の手入れ不足による口臭**を気にする年齢です。口臭の原因となるものは、細菌の集まりである歯垢、歯石、硫黄臭のある虫歯、肝機能低下によってもたらされるネズミ臭などで、数えあげたら際限がありませんが、すべて口から発せられる悪臭です。

厚生労働省のデータ（「平成23年歯科疾患実態調査」）では、20代前半でまったく虫歯がない人は10人に1人、20代後半では20人に1人しかいません。20代では半数近くは虫歯の治療を完全に行っておらず放置しています。仕事が忙しいとか保険がきかないので高額であるとの理由で、口臭のひどさを放置する人が多いですが、虫歯を治療し、季節ごとに歯のクリーニングに行くのは当たり前のことです。

また、歯並びの良くない人にとっては、歯科矯正は必須です。縄文系の細い顎に弥生系のサイズの大きい歯を持つと歯並びが凸凹してしまうことがあります。できれば10代のうちに矯正したいものでしたが、20代でも遅すぎることはありません。歯並びの悪さは見かけの悪さにもつながるものですので、ぜひ矯正してください。

味覚の鋭さはエリートの証

五感の最後は「味覚」です。エリートこそ、味覚に敏感になってもらいたい。味覚の守備範囲は3つあります。❶味覚を鍛える、❷栄養に気を配る、および❸食事のマナーを覚える、です。

❶味覚を鍛える

味覚を鍛えることは年齢を重ねるごとに重要になってきます。若いときは質より量ですが、そのうち量より質に転換します。料理の質とは、おいしいものを食するということです。味蕾《みらい》を適度に刺激してくれる食べ物は高価ですが、年収の上昇とともに、おいしいものを食することができるようになります。私たちの舌は、塩味、旨味、苦味、甘味、酸味を感じることができて「五原味」と呼ばれています。そのほかに辛味や渋味を加える場合もあります。舌の表面には舌乳頭というものがあり、味蕾が分布していて、これが上手に刺激されると、美味と感じます。

若い頃は味へのこだわりが少ないですが、味にどん欲になれば、おいしいものを食べることが人生最大の喜びのひとつになることでしょう。エリートはおいしいものが「わかる」能力が求められます。接待などにおける会食や、デートにおけるお店選びのシーンで必要不可欠な能力なのですから。

❷栄養に気を配る

中国に「医食同源」（薬食同源）という言葉があります。栄養のバランスのとれた食事をすることによって、病気を防止することができるという考え方です。私たちは何を食するかによって、病気になったり健康になったりしますが、たとえ病気になったとしても食事によって治癒が可能です。それくらい食事というのは重要なのですが、多くの人はまだその重要性に理解が足りません。

安かろうまずかろうの食事は、そもそも身体に悪影響を与える食品添加物が大量に加えられているので、なるべく避けるのが賢明で、自分で料理を作るのが最も安全です。できる限り「地産地消」を目指して、地元でとれたものを、添加物を加えることなく、おいしく料理したいところです。

自分で料理ができるようになれば、レストランで出された料理も隠し味に何が使われているのかわかるようになり、食に対してより興味を持つことができます。女性ばかりでなく、男性も料理上手になりましょう。

❸食事のマナーを覚える

これから地位が上がっていくにしたがって、いろいろな機会で食事を通じたビジネスをすることになります。恋愛の場面でも食事を通した会話が不可欠です。基本的な食事のマナー、食事の知識、アルコールの知識をマスターしましょう。

基本となるのは箸の使い方です。森川ゼミでは、まず箸の使い方から教えます。それほど箸を正しく持てない人が増えているということです。

生の米粒をひとつのお皿から別のお皿に箸を使って、2分間で60粒移動させることができたら合格にしていますが、こんな簡単なこともできない大学生が増えています。親がしっかり教育しないからですが、その親も上手に使えないという、箸の文化である日本人としては情けない状況になっています。小骨の多い煮魚でも上手に食べることができる人を目指しましょう。

和食のみならず、中国料理、フレンチ、イタリアン、エスニック料理などなど、世界中の料理を日本にいながら食することができるようになりました。海外の出張先で現地の食事をする場面もあることでしょう。各々の料理にはマナーがあります。そのマナーをしっかり習得しておくことが、おいしくいただくことの秘訣です。

Rule 37 エリートは自分の幸せを伝染させる

日本人の中で、年収1000万円を超える人は約4％しかいません。この高収入層が幸せかどうかというと、どうやらそうでもないらしい。最も幸せと感じる年収のレンジは600万円なのだそうです。じゃあ、600万円を目指せば良いというふうに短絡的に考えるのは早急。みなさんは年収1000万円以上になる確率が高いので、むしろ考えたいことは、いかにお金持ちになっても幸せでいられるかという点です。

理論的に考えると、この本が前提にしている「向上心があり、人生で成功をおさめ、エリートになるであろう読者」は、幸福と不幸を繰り返す人たちとなります。

向上心があるということは、現状に飽き足りないということです。

現状に不満だから、上を目指そうとするわけです。

上を目指して達成できたら幸福感を味わうでしょうが、失敗すると不幸だと思います。再挑戦して成功すると幸福になりますが、その間は必ずしも幸福とは言えないでしょう。ですから、1000万円の高収入者が必ずしも幸せと感じないのも納得できます。

「幸福」とは短命なもの

そもそも「幸福とは何か？」について説明しておきます。

「幸せ」とは満足した状態で、満足した状態というのは、満足を消費しているということです。したがって、経済学でいう「限界効用逓減の法則」が当てはまり、日々幸せを消費するにしたがって、満足度は減少し、幸福を感じなくなるものなのです。

「結婚して幸せになる」「幸福な家庭」というのは短期的に存在しますが、ハネムーンを過ぎる頃には、幸福度は減少していることが考えられます。

これからの人生、希望の企業に勤めるからといって、お金持ちになったからといって、昇進したからといって、素敵な異性と結婚するからといって、ずっと幸せでいることはできません。

Chapter 1で述べたように、私たちは短期、中期的な目的を定めて、達成していくのが自己成長する方法です。達成することができれば、幸せを感じることができます。なにしろ、期待をポジティブに裏切ったことほど幸せを感じることはありませんから。目標を定めて成功する確率が90％の場合と10％の場合では、10％の場合に成功したほうが、幸福度が高いものです。

しかし、いったん幸福が自分のものになると慣れていき、常態化し、最終的には幸福感は消えていきます。人生では、幸せをつかみ、つかんだ幸せが消え、また別の幸せをつかみ、また消えていく、この繰り返しです。

「幸福」は伝染する

幸福と不幸を繰り返すのですが、目先の不幸や失敗や落胆を顔に出してはいけません。いずれ成功するのですから、不幸の最中でも言葉にすることなく、毅然とした態度でいることです。みなさんの一つひとつの態度がまわりの人に影響を与える立場にあります。「**幸せは伝染する**」のですから、たとえ不幸であっても素振りを見せず、常に幸福を振りまきましょう。

「幸せは伝染する」という研究結果を発表したのは、ハーバード大学のニコラス・クリスタキス教授とカリフォルニア大学サンディエゴ校のジェイムズ・ファウラー教授の2人です。クリスタキス教授ら（鬼澤忍訳『Connected（つながり）』講談社、2010年）は、5000人近くの追跡調査を行った結果、**自分の幸せは、「友だちの友だちの友だち」といったように3段階にまで拡散する**ことを発見しました。

クリスタキスらによれば、平均値として、あなたの「友だち」が幸福だと、あなたは約15％幸福になるそうです。さらに「友だちの友だち」でも約10％、「友だちの友だちの友だち」といったように3次の波及でも約6％幸せになります。4次以降の波及はありません。

幸せの伝染は、松尾芭蕉が詠んだ小さな古池に飛び込んだカエルがつくりだしたさざ波に喩えることができます。あなたの幸福という石が古池に落ちると第1次波として15％まわりの友だちに波及し、波の大きさは小さくなるものの第2次波では10％、第3次波で6％影響を与える、ということです。[*5]

自分の幸せを拡散させるべきである

幸せが伝染するという発見は、人生の生き方を考える上で、どのような教訓を与えてくれるのでしょうか？

まず、私たちが幸せでいることが重要です。自分が幸福になれば、まわりの人々も幸せにすることができるのです。

あなたが友だち5人と女子会なり男子会を開いたとすれば、あなたの幸福が5人に大きな影響を与え、その5人は別の友だち5人と同じような機会を持てば、25人が幸福を感じ、さらにはその25人が各々5人とつながっていれば、125人まで、あなたの幸福が伝染していくのです。ですから、まわりの人たちを幸福にしたいと願うのだったら、自分が幸福になれば良いということになります。

また、友だちを持つことも重要です。クリスタキスらによれば、私たち人間は1年のうちで、平均すると48日も孤独を感じる日があるそうです。だいたい1週間に一度の割合です。かなり多いですね。

ところが友だちが一人増えるごとに、孤独と感じる日にちが2日減るとのことです。親きょうだいといった親族と一緒に住んでいてもいなくても孤独感とは関係がありません。自らの意思でつくる友だちの数が関係しています。

どのような友だちに囲まれて生きるかは、私たちの生き方にも影響を与えます。クリスタキスらによれば、お互いが親友であると思う関係では、一方の体重が増えると、

＊5

幸せの伝染度は、肉親か友だちか、距離がどのくらい離れているかでも変わってきます。親きょうだいと同居している場合には、幸せが伝染する可能性は8％増加、近所に住む親きょうだいでは14％増加する、としています。肉親の影響より友だちや隣人の影響のほうが大きく、幸せな友だちが1・6キロ以内に住んでいる場合には自分の幸福は25％増え、隣人の場合には34％増加するとのことです。ただし、仕事上の同僚には波及しないとのことでした。

もう一方の体重も増えるリスクは3倍近くになるそうです。親友とは呼べない友だち関係でも2倍のリスクがあります。私たちがどのような人たちとつながっているのかで、幸福度ばかりでなく、肥満度、飲酒度といったものにまで影響を与えるということです。良い影響と悪い影響の両方に対峙しなければなりません。

この意味で、どのような人と友だちになるかが重要です。幸福のみならず、不幸も伝染し、必要以上に太ったり、深酒したりすることも伝染してしまうのです。さびしさを紛らわすことができるなら誰でも良いというわけではないのです。自分にふさわしい友だちがいるはずで、だからこそ慎重に選ぶ必要があります。

「幸せ」を長持ちさせる方法を知る

幸福は元来、短命なものですが、努力によって長持ちさせることは可能です。最も普遍性があって実行可能な方法は、少なくとも2つあります。

ひとつ目は、**日々をリセットして、感謝して生きること**です。たしかに大学受験に合格したり、内定をもらったり、プロジェクトに成功したりした当初は幸せだったかもしれません。その幸せ度は日々少なくなっていき、今では当然のように思っているかもしれません。でも一度リセットして考えてみてください。いったんゼロに戻せば、プラスになった自分に対して感謝することができ、幸せだと実感できるはずです。

2つ目は、幸せの種を蒔いて幸福を目指すという生き方です。種を蒔かないで何もせずに守りの人生だったら、平穏になにごとも起こらずに1日が過ぎていくことを願うことになります。守りの姿勢は、不幸にならない生き方をしているにすぎません。

どうすれば良いのかというと、Chapter 1で述べた**目的を設定し成功を求めていくというのが、幸せを継続させるという意味でたいへん有効**です。

話が最初に戻りましたね。成功による幸福とは、人生がステップアップしたということです。そこから新たに生まれる選択肢ができたということですから、次の目的に向かって幸せを追い求めることが可能になります。

Rule

38

エリートは人のために自己犠牲を払う

私たちは利己的な動物です。利己的に生きるからこそ世の中がうまくまわるという場面と、利己的だから問題が起きるという場面があります。会社という組織の中では、自己犠牲が必要となる場面もしばしばあり、そのようなときにどれだけ自己犠牲を払えるかによって、みなさんの「懐の大きさ」「器の大きさ」がわかります。

「囚人のジレンマ」とは？

利己的か愛他的かという場面が端的に現れているのは「囚人のジレンマ」です。ゲーム理論でしばしば用いられる専門用語をくわしく知る必要はありませんが、基本的な構造を知ってもらい、自己犠牲が必要な場面では実践してもらいたいと思います。

図表５－１が「囚人のジレンマ」の例です。４つのセルの数字のうち、左側のマーカーを引いたほうがあなたがもらえる利得です。

		相手の選択肢	
		協力する	協力しない
あなたの選択肢	協力する	(+1万円、+1万円)	(−3万円、+3万円)
	協力しない	(+3万円、−3万円)	(0円、0円)

図表5－1　「囚人のジレンマ」の例

このような状況下で、みなさんは「協力する」「協力しない」のどちらを選択しますか？

もし両者が「協力する」を選べば、1万円ずつもらえますので、ぜひそうしたいところです。2人の共通の利益のためには「協力する」で合意するのが最善の選択肢です。

しかし、このような状況では、お互いの利益のためには「協力する」を選ぶのが良いとわかっていても、利己的に行動して、「協力しない」を選ぶこともありえるのです。自分だけが「協力しない」を選べば、1万円の3倍の3万円がもらえるわけですから。自己犠牲を伴う「協力する」にすべきか、安全で確実だが利己的な「協力しない」にすべきか悩みどころです。**このように個人の利益と全体の利益が背反する構造を持つゲームを「囚人のジレンマ」と呼んでいます。**

エリートは目先の利益を追わない

ゲーム理論では「囚人のジレンマ」のような状況では、利己的に行動せざるをえないということになっていますが、エリートを目指すみなさんには、ぜひ「協力する」を選択してもらいたいものです。お互いのため、全体のために自己犠牲を払う、その器の大きさを見せることが求められます。

「協力しない」を選択するのは凡人、目先の利益しか見えない人たちです。世の中（全体）のためには、何が最善なのかを考え、たとえ利他的な行動によって失うものがあったとしても、甘んじて受ける覚悟を持ちましょう。


「囚人のジレンマ」が生じる身近な例では、幹事という仕事です。

合コンでも、花見の場所とりでも、麻雀のメンツ探しでも、仕事上の打ち上げパーティーでも、幹事の仕事は原則として「囚人のジレンマ」と同じ構造をしています。誰かがしなくてはならず、幹事をした人へのリターンは、幹事をしない人が得るリターンより下回ります。幹事とは常に損をする仕事で、確かに幹事をすると苦労が絶えません。

幹事と同じように、「人が嫌がる仕事をする」というのも「協力」の形のひとつです。みんなのために嫌な仕事を嫌がらずにできるのか。笑顔で「はい」と言って行動できるのか、ここがエリートとそうではない凡人との違いです。

電車で優先席には座らない、携帯電話は電車内や喫茶店、レストランでは使用しない、電車では化粧をしない、どの場所でも基本的なマナーを守る、お年寄りや身体の不自由な人がいたら助ける、ゴミを道路に捨てたりしないなどなどは、図表5－1の「囚人のジレンマ」で「協力する」と基本的には同じ行動です。

「協力する」を選ぶとみなさんは短期的な損を被ることでしょうが、長期的には大きな財産として戻ってくることでしょう。

なぜなら「囚人のジレンマ」とは、「わかってはいるけれどできない」状況ですので、利己的に行動してしまう人は、声に出しては言いませんが（自分が利己的だとは公には認めたくありません）、自己犠牲を払える人を尊敬しています。みなさんには、このような正しい人間として尊敬される側になってほしいものです。

Rule
39 「21世紀女子」は子どももキャリアもとる

本書の最後に、女性限定、女性の生き方に特化してお話しします。

私たちは21世紀の日本に生きています。たいへん恵まれた時代です。戦争を経験していません。飢餓や貧困も経験していません。法整備が進み、女性が仕事をしやすい時代になってきました。

このような状況を踏まえて、私は本を書くたびに**「20世紀女子」と「21世紀女子」の生き方の違いを強調しています。**

「20世紀女子」は仕事をとるか結婚・子どもをとるかを迫られた時代でした。女性には「お茶くみ」と呼ばれた仕事しか与えられない時代が長く続いていました。職場における女性は結婚までの腰掛け的なものと見なされていたのです。ですから、結婚すれば寿退職をするというパターンがずっと続いていました。

しかし、1999年の男女雇用機会均等法の改正により大幅に女性の平等雇用と社会進出が促進されるようになると、社会的に男女の性差が少なくなり、女性の役職者も法的整備に比例して増えつつあります。「21世紀女子」は仕事か、結婚して子どもをつくるかの二者択一ではありません。ビジネスにおいてキャリアを積みつつ、結婚して子どももうけるという両方を同時に選べる時代となったのです。

キャリアだけの人生は、味気ないものです。夜遅くまで仕事をして、帰宅しても誰もいない人生を一生送る選択肢は、どう贔屓目に見てもさびしいものです。

現在の独身生活が居心地良いからといって、結婚しないで60歳を過ぎて独身でいるとそのうち寂寥感が襲ってくるものです。老いては介護という問題もあり、孤独死もあります。

子どももキャリアもとる

21世紀は**「女として生まれたからには子ども、大学を出たからにはキャリア」**の時代です。そのためには、将来設計をしっかり描いておくことが重要となります。両方をとるためには2つの条件を満たすことが不可欠となります。

第一に、将来の配偶者となるべき夫の理解です。結婚後もキャリアを続けるということは、専業主婦にならないということですので、配偶者を見つける時点で、両立を目指すことに理解を示してくれる男性がいなくてはなりません。

夫になる男性に共働きのメリット・デメリットを明確に示しておけば、賛同する男性が現れるものです。女性が働くメリットはなんといっても、世帯収入が2倍になるということです。場合によっては女性のほうが高収入であることも多々ある時代ですが、両方がその事実を認めて尊敬しあうことができれば、乗り越えられます。

第二に、子育ての問題が生じるのは不可避です。女性が9～17時で残業なしでキャリアを積もうと思っても、そんなに都合の良い会社はありません。結婚前から男性に子育ての分担を求めてはプロポーズしてくれるかどうかわかりません。

実行可能な解決策は、夜間保育園やベビーシッターを活用する、お手伝いさんを雇う、自分の母親に育児の手助けをしてもらうなどでしょう。前者はお金で解決を図ろうとするもの、後者は同居あるいは近くに住むことで解決をする方法です。

どの方法をとるかで、子どもの適正人数も決まってきます。キャリアと子どもの両方をとるためには、おのずと人数が限られてきますが、子どもを2人持つことは可能ではあります。2人の子育てに成功すれば、りっぱな女性エリートです。

繰り返しますが、これからの時代の女性の生き方は、子どももキャリアも両方とるという欲張りな生き方。どちらか一方ではありません。両方とってこその「21世紀女子」です。

「あとがき」の前の「あとがき」

私たちが住む地球は、太陽系、さらに銀河系の中にあり、宇宙と呼ばれるところにあります。この宇宙はいまから約１３８億年前にビッグバンという大きな爆発によって誕生しました。ビッグバンは限りなく小さい核が爆発したってことなのですが、だったら、そのビッグバンのまわりには何があるのって考えますよね。

近年の説得力ある仮説によると、ビッグバンは無数に起こっているということらしいです。[*1] 宇宙はひとつではなくて、同じようなビッグバンによってできた別の宇宙が無数に存在するということです。

宇宙同士が膨張しているわけですから、私たちがいる宇宙は、いずれは別の宇宙と衝突します。でも心配ありません、そんなことが起こるのはずっと先ですから。その前に、隕石が地球に衝突して、６５００万年前に恐竜が絶滅したときと同じように、人類も絶滅してしまうことでしょう。

私たちの宇宙には、銀河系と同じような構造を持つものが約４０００億個。私たちが住む銀河系は、おおよそ１３０億年前に生まれ、46億年前に地球が誕生しています。地球上に生命らしきものが誕生したのはおおよそ40億年前、無性生殖から枝分かれしてオスとメスによる有性生殖となったのが約9億年前です。

人間はホモサピエンスという動物ですが、私たちホモサピエンスが地球上に誕生したのは約20万年前のアフリカです。20万年前から現在までに、この地球上で生きた人数をフェルミ推定すると、約1000億人になります。ほんの数秒で亡くなった赤ちゃんもいれば、フランスのジャンヌ・カルマンさんのように122歳まで生きた世界歴代最高齢の女性もいます。

18世紀初頭では6億人、19世紀初頭では10億人、20世紀初頭では17億人と爆発的に人口増加し、現在ではなんと73億人以上の人々が地球上に暮らしています。いままで生きた1000億人のうち7%あまりの人たちが現在この地球に生きていることになります（医療の発達ってすごいです）。1000億分の1がみなさん一人ひとりです。

限りなく大きい宇宙、その中で限りなく大きい銀河系、その中の太陽系に属する地球で、せいぜい90年くらいしか生きられないのが、私たち人間です。そんなちっぽけな人間の一人ひとりがみなさんです。

そんなちっぽけなみなさんが小さいことを考えていたら、ほんと、小さすぎて悲しくなりませんか。

＊1　詳しくはL・クラウス著、青木薫訳『宇宙が始まる前には何があったのか？』（文藝春秋社、2013年）。

ですから、「でっかい」ことを考えましょう。

「でっかい」ことを成し遂げましょう。

少なくとも大きな夢を抱いて、夢に向かって人生を送りたいものです。小さくまとまって平凡な人生を送るより、大きく非凡な人生を送るほうが素敵ではありませんか？

この本を読み終えたみなさんなら可能です。ぜひチャレンジしてみてください。

あとがき

本書の目的は、人生の生き方を学ぶ、です。要するに、向上心のあるみなさんが、いかにしてできるビジネスパーソンとなり、会社や社会で成功を納め、自らの選んだ人生を納得して生きられるかがテーマでした。

小学校から大学まで、人生を考える、恋愛を学ぶという教科はありませんでした。不思議ですね。この世で最も重要な人生や恋愛についてひとつも科目が設定されていないのですから。

したがって、人生では試行錯誤の繰り返しです。人生の生き方にも、恋愛の仕方にも一定の法則があって、その2つを事前に知っていたら、みなさんの人生や恋愛の可能性が格段に広がるのではないかと思って、本書を書き始めました。この本のきっかけとなった森川ゼミにおける講義でも、それを強調しています。

また、2014年3月に、大学に入学したての学生用に『大学4年間で絶対やっておくべきこと』(中経の文庫)という本を出しました。この本では主に新入生や大学2年生に対して、就職活動までの人生をどのように送り、どのように恋愛を選択すべきかについて書きましたが、本書は内定を勝ち取ってから社会人3年目ぐらいまでの

20代のビジネスパーソンを対象に書いていますので、その続編と言えるかもしれません。

私たちの可能性は無限です。でもその無限の中で、どちらの方向に向かえば良いのか戸惑ってしまうのが20代という時期と言えるかもしれません。

戸惑って何もしないと、年齢だけが過ぎ去っていき、いつのまにか無限から有限になり、挙句の果ては、選択肢がひとつしか残されていなかったということになってしまうことも往々にしてあります。大人になるということは人生の選択肢が減っていく、人生が追いつめられていくということでもあります。「したいこと」と「できること」のギャップが増えていき、次第に自分の限界が見えてくるものです。

しかし、その事実を知っておけば、意思決定という考え方の大切さ、選択肢を増やす意義、目標を定めて達成することの重要性を認識できるはずです。このようなメカニズムを理解して、みなさんの人生をより良いものにしてもらえたら、私の最大の喜びです。

人生は一度しかないのですから、死ぬ間際に「自分の人生、最高だった」と言えるような人生にしてもらえたらと願っています。

本書を執筆するにあたって、たくさんの人に助けられました。まずは、歴代の森川ゼミ生です。この本を書き始める前に元ゼミ生に会社員としての実務や悩みに関してアンケート調査を実施したところ、大多数が快く引き受けてくれました。この本はゼミ生の協力の賜物です。とくに塩野紘聖さん、原太平さん、中島慎一郎さん、藤田麻花さんにはフォローアップもさせていただき感謝致します。

ディスカヴァー・トゥエンティワン社の干場弓子社長および編集の大山聡子さんには、今回もたいへんお世話になりました。初めてお会いしてから10年近くになろうとしていますが、ずっと感謝しております。

一流企業で続々活躍、早稲田超人気・森川ゼミの

20代で10倍差をつけるエリート養成講座

発行日　2015年2月20日　第1刷

Author｜森川友義

Illustrator｜大前壽生

Book Designer｜内山尚孝（next door design）

Publication

株式会社ディスカヴァー・トゥエンティワン
〒102-0093 東京都千代田区平河町 2-16-1 平河町森タワー11F
TEL 03-3237-8321（代表）
FAX 03-3237-8323
http://www.d21.co.jp

Publisher｜干場弓子

Editor｜大山聡子

Marketing Group

Staff｜小田孝文　中澤泰宏　片平美恵子　吉澤道子　井筒浩　小関勝則　千葉潤子　飯田智樹
佐藤昌幸　谷口奈緒美　山中麻吏　西川なつか　古矢薫　伊藤利文　米山健一　原大士　郭迪
松原史与志　蛯原昇　中山大祐　林拓馬　安永智洋　鍋田匠伴　榊原僚　佐竹祐哉　塔下太朗
廣内悠理　安達情未　伊東佑真　梅本翔太　奥田千晶　田中姫菜　橋本莉奈

Assistant Staff｜俵敬子　町田加奈子　丸山香織　小林里美　井澤徳子　橋詰悠子　藤井多穂子
藤井かおり　葛目美枝子　竹内恵子　熊谷芳美　清水有基栄　小松里絵　川井栄子
伊藤由美　伊藤香　阿部薫　松田惟吹　常徳すみ

Operation Group

Staff｜松尾幸政　田中亜紀　中村郁子　福永友紀　山﨑あゆみ　杉田彰子

Productive Group

Staff｜藤田浩芳　千葉正幸　原典宏　林秀樹　石塚理恵子　三谷祐一　石橋和佳　大竹朝子
堀部直人　井上慎平　松石悠　木下智尋　伍佳妮　張俊崴

Proofreader&DTP｜株式会社 T&K

Printing｜共同印刷株式会社

・定価はカバーに表示してあります。本書の無断転載・複写は、著作権法上での例外を除き禁じられています。
インターネット、モバイル等の電子メディアにおける無断転載ならびに第三者によるスキャンやデジタル化もこれに準じます。
・乱丁・落丁本はお取り替えいたしますので、小社「不良品交換係」まで着払いにてお送りください。

ISBN978-4-7993-1637-5

©Tomonori Morikawa, 2015, Printed in Japan.